Dieses Buch widme ich
meinem Freund Julian Wolf in Pretoria.
Seit seiner Geburt am 9. Dezember 2002
erinnert er mich daran, dass auf dieser Erde
jeder Mensch ganz herzlich willkommen ist.

Inhalt

Was uns an LIFEGATE
und an diesem Buch begeistert

„Wenn ich über die große Not unter den Menschen mit Behinderungen in Jordanien und Israel und im Westjordanland nachdenke, macht es mich unheimlich dankbar, dass Gott die Arbeit von LIFEGATE nutzt, um dort etwas zum Guten zu verändern, um im Leben von Menschen einen Unterschied zu machen. Ich bin tief beeindruckt und ermutigt von der ausgezeichneten Arbeit, die LIFEGATE leistet.

Unsere Organisation JONI AND FRIENDS INTERNATIONAL kann Rollstühle für Menschen im Westjordanland bereitstellen – aber das wäre nichts wert, wenn nicht unsere christlichen Freunde von LIFEGATE vor Ort Hand anlegen würden.

Kurz: Sie werden dieses Buch toll finden und sich in die Arbeit von LIFEGATE geradezu verlieben!"

Joni Eareckson Tada,
Joni and Friends International Disability Center

„Du bist mittendrin. Kannst gar nicht anders. Hörst und siehst, was du liest. Hockst der strahlenden Rollstuhlfahrerin Linda gegenüber, lauschst ihrer Geschichte, weinst und lachst und bangst und hoffst mit ihr. Und staunst. Eine, die eigentlich keine Chance hatte, ist zur Meisterin mit der Stricknadel geworden.

Was vor allem an ihm liegt: Burghard Schunkert, Leiter von

LIFEGATE in Beit Jala. Einer dazwischen. Ein Deutscher, der in Israel lebt und auf dem Gebiet der Palästinensischen Autonomie arbeitet. Einer, der Brücken in ein lebenswertes Leben baut. Sein LIFEGATE ist für viele behinderte und ausgegrenzte Kinder und Jugendlichen zu einem Tor ins Leben geworden.

Christoph Zehendners packende Reportage erzählt von ihm und seinen gebeutelten Schützlingen. Und macht Mut: Es gibt keine hoffnungslosen Fälle."

Jürgen Werth, Autor und Liedermacher

„Es ist gut zu wissen, dass es selbst an Orten, an denen man viel Verzweiflung und Resignation vermutet, Menschen gibt, die immer wieder neue Hoffnung auf ein besseres Leben schenken. Ein solcher Ort ist das Westjordanland, das seit Jahrzehnten von Krieg und Elend heimgesucht wird. Mag es auch Tausende Kilometer von Nordrhein-Westfalen entfernt sein, so kann uns das Schicksal der Menschen dort nicht gleichgültig lassen. Und zum Glück gibt es selbst dort nicht nur gute Zeichen, sondern echte Taten der Hoffnung.

Dafür steht LIFEGATE. Diese von Deutschen geleitete interkonfessionelle christliche Rehabilitationseinrichtung in Beit Jala bei Bethlehem sorgt dafür, dass Kinder und Jugendliche mit körperlicher und geistiger Behinderung auch im Westjordanland nicht länger am Rand der Gesellschaft stehen. Mit ihrem Förderansatz, der alle Lebensbereiche der betreuten Menschen einschließt, hat sich LIFEGATE aus kleinsten Anfängen zu einer Einrichtung entwickelt, die für viele behinderte Menschen, seien es Christen oder Muslime, ein wahres ‚Tor zum Leben' geworden ist.

LIFEGATE bietet palästinensischen Kindern und Jugendlichen mit Behinderungen Schulunterricht, Therapien und Ausbildung. Zur Arbeit von LIFEGATE gehören ebenfalls die so wichtigen regelmäßigen jüdisch-arabischen Begegnungsprojekte mit behinderten jungen Menschen aus Israel. Das Land Nordrhein-Westfalen ist deshalb mit Stolz und aus Überzeugung seit vielen Jahren ein guter Freund und Förderer von LIFEGATE. Damit sich dieses Tor zum Leben auch in Zukunft für viele Kinder und Jugendlichen im Westjordanland öffnet, wünsche ich dem engagierten Team von LIFEGATE für die kommenden Jahre viel Erfolg im Geiste von Nächstenliebe und Menschlichkeit."

Armin Laschet,
Ministerpräsident des Landes Nordrhein-Westfalen

„Gründlich recherchiert und lebendig geschildert. Dieses Buch berührt, macht Mut und öffnet das Herz."

Marianne Lüddeckens,
Projektmanagement Ausland, Sternstunden e.V.,
Benefizaktion des Bayerischen Rundfunks

„Die Arbeit von LIFEGATE kennen und unterstützen wir seit Jahren – und wir tun es gerne.

In einer Gegend der Welt, aus der uns sonst vor allem Nachrichten von immer neuen Konflikten erreichen, werden hier beständig kleine Hoffnungszeichen gesetzt und Brücken des Friedens gebaut: Brücken zwischen Menschen mit und ohne Behinderung, zwischen Palästinensern, Israelis und Deutschen, zwischen Christen, Muslimen und Juden.

LIFEGATE hat ein klares Leitbild und setzt dabei auf christliche Werte wie Nächstenliebe und Barmherzigkeit. Dieses

Konzept hat bereits das Leben vieler Menschen mit Handicaps positiv verändert, LIFEGATE hat dabei geholfen, dass Menschen ihre Gaben entdeckten und Selbstbewusstsein entwickelten. So tut LIFEGATE das, was Jesus seinen Leuten aufgetragen hat: Salz und Licht in der Welt zu sein. Jetzt wird die bewährte Arbeit von LIFEGATE durch ein Buch einer größeren Öffentlichkeit bekannt. Das begrüßen wir sehr.

Wir wünschen LIFEGATE, seinen Mitarbeiterinnen und Mitarbeitern und vor allem den Betroffenen und ihren Familien von Herzen Gottes Segen."

Professor Dr. Friedhelm Loh,
Inhaber und Vorsitzender der Friedhelm Loh Group

„Im April 2004 war ich mit einer kleinen Leitungsdelegation des CVJM Deutschland erstmals in Beit Jala und konnte die Arbeit von LIFEGATE kennenlernen. In einem Garagengebäude trafen wir Burghard Schunkert, sein Mitarbeiter-Team und junge Menschen mit Behinderung. Die äußeren Umstände mehr als bescheiden, die Liebe zu den behinderten Kindern und Jugendlichen fast greifbar und spürbar. Schon diese erste Begegnung hat mich stark beeindruckt. In den letzten fünfzehn Jahren ist die Arbeit stark gewachsen. Ein großes, neues, wunderschönes Rehabilitationszentrum konnte geschaffen werden.

LIFEGATE ist für mich bis heute ein Wunder, ein großartiges Zeichen der Liebe zu den benachteiligten Menschen und ein Leuchtturmprojekt der Versöhnung. Als CVJM Deutschland sind wir dankbar, dass wir durch die Anstellung von Burghard Schunkert dieses Hoffnungs-Projekt bis heute mittragen und unterstützen können. Persönlich freue ich mich sehr, dass Christoph Zehendner dieses Buch über die wertvolle Arbeit von LIFEGATE geschrieben hat. Ich wünsche viele Leser und auch dadurch neue Freunde und Unterstützer für LIFEGATE."

Karl-Heinz Stengel,
Präses CVJM Deutschland

„Es ist über dreißig Jahre her, dass ich als Rollstuhlfahrerin Israel bereiste. Mit dem Lesen dieses Buches ist heute noch einmal eine Reise dorthin möglich – eine Reise mit vielen ermutigenden Begegnungen. Beim Lesen kommen mir die geschilderten Menschen wie gute Bekannte vor. Ihre Lebensgeschichten machen mich nachdenklich und entfachen neue Lebensfreude.

Wer selbst mit Beeinträchtigungen lebt und ein Herz hat für andere Menschen und Kulturen, für das Leben in seiner Vielfalt und für das Volk Israel, dem geht das Herz beim Lesen dieses Buches noch weiter auf."

Schwester Dorothee Knauer,
Mitglied der Leitung der Senioreneinrichtungen
Haus Morija und Haus Mamre in Rödermark,
leitende Schwester der Christusträger-Schwesternschaft

„Die atemberaubenden Berichte über die Arbeit von LIFEGATE in Beit Jala erschüttern und stiften zugleich Hoffnung. Hier ist der Beweis, dass Gott Wunder der Versöhnung schafft, wo wir Menschen keinen Ausweg sehen.

Ich kenne Burghard Schunkert und seine Arbeit seit vielen Jahren. Es wurde höchste Zeit für dieses Buch."

Ulrich Parzany,
evangelischer Theologe und Evangelist

„Lebendig schildert Christoph Zehendner Erfahrungen und Erlebnisse von Menschen, deren Weg sie ganz anders führt als zu Beginn ihres Lebens vermutet. Der Deutsche Burghard steht im Mittelpunkt, der als Handwerker in Israel beginnt und eine große Arbeit für Behinderte im Westjordanland aufbaut. Der Amerikaner Richard, der mit seinen Rollstühlen gehbehinderten Jugendlichen dazu verhilft, sich wieder fortzubewegen. Die Palästinenserin Asma, die nach einem Genickbruch nur liegen konnte und durch ihre Begegnung mit LIFEGATE heute in der Lage ist, kunstvolle Handarbeiten zu erstellen und zu verkaufen.

Es sind Porträts von Menschen, in deren Leben Gott gewirkt hat. Und die ermutigen, eigene Herausforderungen anzunehmen und zu überwinden."

Mirjam Holmer,
Korrespondentin für das Israelnetz Magazin und
israelnetz.com in Jerusalem, Islamwissenschaftlerin

„Immer wieder empfehlen wir unseren Gästen einen Besuch bei LIFEGATE. Denn LIFEGATE verändert. Ein Besuch dort beeindruckt, bewegt und berührt uns und unsere Gäste.

Christoph Zehendner hat es nach gründlichster Recherche geschafft, die Einzigartigkeit dieses besonderen Ortes greifbar zu machen. Er nimmt den Leser, die Leserin mit auf einen Weg der Ermutigung und Hoffnung, erzählt mit ausdrucksstarken Worten von Höhen und Tiefen und begeistert durch eine Lebendigkeit, die den Geist von LIFEGATE widerspiegelt. Die geschilderten Lebensberichte und Erfahrungen sind so ansteckend und begeisternd wie Burghard Schunkert selbst."

Michael Mohrmann,
Christus-Treff im Johanniter-Hospiz, Jerusalem

„Mein erster Besuch in Israel führte mich direkt zu LIFEGATE. Mitten in einem der politisch brisantesten Gebiete der Welt errichtete Burghard Schunkert aus Hessen hier gemeinsam mit seiner Familie eine Oase des Friedens, des Miteinanders, des Schenkens, des Lebens und des Lachens.

Das war und ist keine leichte Aufgabe: Während der Intifada musste er jeden Tag unter Lebensgefahr mit kugelsicherer Weste, weißer Flagge und geducktem Kopf hinterm Lenkrad zur Arbeit fahren. Beeindruckend für mich sind Gebäude, Konzept und vor allem die Einstellung der Mitarbeiter.

Nie vergessen werde ich den Moment, als Rollstuhlengel Richard mir aus einer großen Kiste mit alten Ersatzteilen genau das Kugellager heraussuchte, das meinen Rolli und mich wieder mobil machte (lesen Sie die Geschichte hier im Buch nach). Heute ist LIFEGATE in Beit Jala bei Bethlehem Zentrum und Herzstück eines weit verzweigten Rehabilitationsnetzwerks im Westjordanland. Christoph Zehendner beschreibt einfühlsam und lebendig, wie bei LIFEGATE Mitarbeiter aus verschiedenen Nationen, ganz egal ob Christen, Muslime oder Juden, miteinander Kindern und Jugendlichen helfen und ihnen damit Tore für ein lebenswertes Leben öffnen. Lassen Sie sich anstecken von der Begeisterung, die in mir und offensichtlich auch in Christoph durch diesen einzigartigen Dienst entfacht wurde.“

Samuel Koch,
Schauspieler und Autor

Kapitel 1

Der Junge auf dem Rollbrett

Faheds Weg ins Leben,
Szene 1 (1989)

Bin ich im falschen Film?

Burkhard Schunkert kann nicht glauben, was sich vor seinen Augen abspielt. In seiner neuen Aufgabe als Heimleiter hat er schon so einige merkwürdige Überraschungen erlebt. Manch seltsame Gebräuche dieser Gegend hat er kennengelernt. Manch seltsamen Zeitgenossen. Aber was, bitte schön, soll das hier werden?

Ein sichtlich gereizter Mann platzt – ohne anzuklopfen – in sein Büro hinein, schiebt etwas vor sich her. Einen Moment lang verharrt er ohne Bewegung im Türrahmen. Unrasiert. In abgetragenen Klamotten. Muffigen Schweißgeruch verbreitend. Burghard hat diesen Menschen noch nie zuvor gesehen. Wo er herkommt, weiß Burghard nicht. Und zunächst auch nicht, was der Fremde hier will.

Jedenfalls hat er Burghards kleines Heim für Männer mit Behinderungen entdeckt. Sich bis zum Büro des Chefs durchgefragt. Seine Last bis hierher ins Büro geschafft. Jetzt aber steht er unschlüssig vor Burghard, zittert, weiß offensichtlich nicht recht, wie er sein Anliegen vorbringen könnte.

Dann gibt der Fremde sich einen Ruck. Mit abfälliger Geste deutet er auf das, was er vor sich hierher geschoben hat: ein Brett, unter das er Rollen geschraubt hat. Jetzt erst bemerkt Burghard Schunkert: Auf diesem Brett kauert … ein Kind.

Burghard ist entsetzt. Das magere Kerlchen dort auf dem Brett sieht erbärmlich aus. Höchstens dreizehn, vierzehn Jahre mag es alt sein. Oder täuscht der erste Eindruck? Ist er vielleicht schon achtzehn, neunzehn? Jedenfalls hat der Junge auffallend kurze Beine. Sein ganzer Körper wirkt zwergenhaft klein, steckt in alten, viel zu großen Kleidern. „Ein Häufchen Elend auf einem Stück Holz", schießt es Burghard durch den Kopf.

Da räuspert sich der Mann. Gibt dem Brett einen Schubs. Setzt es so in Bewegung, dass es genau vor dem Schreibtisch von Burghard Schunkert landet. Und zischt Worte, die Burghard nie mehr vergessen wird: „Das ist mein Sohn Fahed. Du kannst ihn haben. Und behalten."

Dann wendet er sich zur Tür.

Kapitel 2

Sei willkommen

Wenn im LIFEGATE-Zentrum
so richtig die Post abgeht

Israel. Endlich mal wieder.

Wie oft ich schon hier war, kann ich gar nicht sagen. Zwanzig Mal? Fünfundzwanzig Mal? Zum ersten Mal jedenfalls als Achtzehnjähriger gleich nach dem Abi, mit dem Rucksack auf dem Rücken. Dann auf diversen Reisen. Im Familienurlaub. Mit Freunden. Als Journalist gemeinsam mit der Spitze der damaligen CDU-Fraktion aus dem baden-württembergischen Landtag. Und dann immer häufiger als Verantwortlicher einer Gruppenreise.

Ich habe so viel erlebt in diesem Land. Habe so viele spannende Menschen kennengelernt. Bin so bereichert und inspiriert worden für mein Leben und meinen Glauben. Und habe immer mehr den Eindruck gewonnen: Ich soll Reisen hierher anbieten. Menschen mitnehmen, die noch nie hier waren. Ihnen einen Eindruck vermitteln von dem einzigartigen Land. Und von seinen einzigartigen Herausforderungen. Von der Faszination des kleinen Landes zwischen Wüste und Berg Hermon, Mittelmeer und See Genezareth. Golan-Höhen und Totem Meer. Von den besonderen Menschen, die hier leben. Trotz aller Unterschiede und Spannungen sehr häufig respektvoll und friedlich.

Etliche Reisegruppen habe ich in den letzten Jahren durch Israel geführt. Habe interessierten Menschen Stätten gezeigt, an denen Jesus aktiv war. Oder David. Oder eine der vielen anderen Persönlichkeiten der Bibel. Ich habe Reisegruppen zu Orten und in Landschaften begleitet, die mir besonders am Herzen liegen. Habe versucht, mit ihnen gemeinsam den Wurzeln unseres Glaubens auf die Spur zu kommen. Eine Reise durch das sogenannte „Heilige Land" ist für mich eine lebendige Bibelarbeit, von morgens bis abends.

Seit gestern Abend nun bin ich mal wieder hier. Mitte Mai 2018. Mit fast fünfzig Menschen aus allen Teilen Deutschlands, die eine Reise erleben unter der Überschrift: „Wüste, Wasser, Jesus-Wege". In Tel Aviv, nahe der Mittelmeerküste sind wir gelandet. Hinauf in die Berge gefahren bis in die ersten Vorboten der Stadt Jerusalem. Dann rechts abgebogen.

Und jetzt sitzen wir hier im lichten Innenhof eines schön gestalteten Neubaus. Über uns der dunkle Nachthimmel mit vielen Sternen. Um uns herum ein mitreißender Rhythmus.

Gerade noch habe ich beobachtet, wie ein unscheinbarer junger Mann seine Finger an der Kante des Tisches gedehnt hat. Wieder und wieder, langsam und sehr sorgfältig. Nun sitzt er auf einer Holzkiste, hat sich eine große flache Trommel auf seinen linken Oberschenkel gelegt und schlägt mit den Fingern beider Hände einen Takt. Naja, eigentlich *schlägt* er nur selten. Er lässt die Finger vielmehr auf der Trommel spazieren gehen, lässt sie tanzen, steppen, hüpfen.

Der Rhythmus, den er so erzeugt, reißt einen Musikliebhaber wie mich mit.

Ich schau mich um in dem weiträumigen Innenhof, in dem ich gerade dieses Konzert genieße: Um uns herum schützende Mauern, mit dem hellen „Jerusalem-Stein" belegt, der typisch ist für die Region. Dazwischen viele Fenster mit farbenfrohen Rahmen. Pflanzen, zum Teil mit prachtvollen Blüten. Verschiedene Lichtschlangen mit kleinen Birnchen sorgen für Atmosphäre. Unter unseren Füßen schlängelt sich ein blau gehaltenes Lichtband wie ein Bach, der von unten Kühlung bringt.

Schön hier. Finde wohl nicht nur ich, das geht den anderen Menschen in meiner Umgebung genauso. In verschiedene Tischgruppen verteilt sitzt meine Gruppe, mal vier, mal sechs, mal acht Personen. Im gesamten Innenhof verteilt. Gespannt auf das, was wir heute erleben werden. Kühle Getränke vor uns auf den Tischen. Diesen Rhythmus im Ohr. Und in den Knien. Geht gut ab, was der Mann da trommelt!

Mir fällt auf: Der Blick des Trommlers wandert immer wieder nach rechts, zu seinen beiden Kollegen. Rechts außen spielt ein Virtuose auf einer Art Zither. Irrsinnig schnell gleiten seine Finger über das Instrument. Sie reißen, zupfen, schlagen die Saiten. *Kanun* heißt dieses Instrument, werde ich später erfahren. Wer die so spielen kann wie der Künstler hier, sorgt gleichzeitig für Rhythmus und für Melodie.

Oft laufen die filigranen Töne der Kanun genau parallel mit dem, was der Mann in der Mitte gerade spielt: ein Flötist, höchstens Mitte dreißig, gepflegter Bart, helle Hose, rotes Hemd. Ich höre und staune: ein Ausnahmemusiker, offensichtlich der Leiter dieser Gruppe. In der Hand hat er nichts als ein langes Stück Holz. Eine einfache, fast primitiv wirkende Flöte ohne Mundstück, eine sogenannte *Nai* – unfassbar, welche Töne er diesem Holz entlockt. Und in welch rasantem Takt. Scheint ein bewegender Abend zu werden.

Vor einem Jahr war ich zum ersten Mal hier im LIFEGATE-Zentrum. Eine gute Stunde lang habe ich mir damals das Haus und seine wertvolle Arbeit zeigen lassen. Habe erfahren, wie wichtig diese Einrichtung für behinderte Kinder, Jugendliche und Erwachsene ist. Habe mit dem Leiter Burghard Schunkert (einem CVJMer aus Gießen in Hessen) gesprochen. Und einige seiner Mitarbeiter kennengelernt. Mich an den hellen, großzügigen Räumen erfreut. Und besonders an den fröhlichen Gesichtern der Kinder und Jugendlichen, die hier gefördert werden.

Die wichtigste Botschaft, die ich nicht vergessen habe: Eine Tür zum Leben (eben das bedeutet LIFEGATE) und zur Zukunft will dieses Zentrum sein. Für Menschen mit Behinderungen. Und für ihre Familien. Tatsächlich habe ich erlebt, wie Menschen hier gefördert und gefordert werden. Wie sie lernen und trainieren. Wie sie lachen und singen. Wie sie arbeiten, essen und feiern.

Ich sehe noch die strahlenden Augen der Kinder vor mir: Den körperbehinderten Jungen, der sich mit einer Art Rollator Schrittchen für Schrittchen nach vorne schiebt. Die Rollstuhlfahrerin, die routiniert mit der Nähmaschine an einer kunstvoll verzierten Tasche arbeitet. Den Jugendlichen mit Down-Syndrom in der Holzwerkstatt, der schöne Gegenstände aus Olivenholz aussägt.

Sie setzen sich – gemeinsam mit fachkundigen Therapeuten, Lehrern, Erziehern – über Grenzen hinweg, die ihre Behinderung ihnen eigentlich vorgibt.

Auch wenn ich damals noch wenig wusste über LIFEGATE und die Menschen, die diese Arbeit gegründet haben und leiten – ich war begeistert von der Lebensfreude, die das ganze Haus ausstrahlt. Ich spürte: Von diesen Menschen kann ich eine

Menge lernen. Und sicher haben diese Menschen auch den Leserinnen und Lesern des Buches viel zu geben, das ich im Auftrag des Brunnen Verlags über Lifegate schreiben werde.

Ein kräftiger Applaus reißt mich aus dem Nachdenken heraus. Die drei Musiker beenden ein Stück. Verbeugen sich artig, fast ein wenig scheu. Als könnten sie kaum glauben, welche Welle von Begeisterung ihnen entgegenbrandet. Der Flötist machte eine kurze Ansage. Er erklärt auf Englisch, dass er den Gästen heute einen kleinen Eindruck von der traditionellen Folklore dieser Gegend vermitteln möchte.

Und dann legt er wieder los mit seinen zwei Kollegen. In langsamerem Tempo diesmal, ein wenig schwermütig. Diese Melancholie erinnert mich an Klezmer-Musik – die Musik der jüdischen Ghettos in Osteuropa.

Erstaunlich. Denn ich sitze nicht in Jerusalem, nicht im Staat Israel. Sondern wenige Kilometer davon entfernt im palästinensischen Autonomiegebiet, in der Kleinstadt Beit Jala. Und ich weiß doch genau von dem schier unüberwindbaren Graben zwischen jüdischen Israelis und arabischen Palästinensern in diesem Land.

Ich kenne die hohe Trennwand, die wenige hundert Meter weg vom Lifegate-Zentrum verläuft. Und die Beit Jala von Jerusalem abschneidet.

Der „Schutzzaun" für die Israelis, die damit Terroranschläge verhindern wollen und die tatsächlich seit dem Bau sehr viel seltener Selbstmordattentate mitten ins Herz ihrer Gesellschaft erleben. Nur der allerkleinste Teil dieser Anlage bestehe aus den hohen Mauern, die international so viel Kritik auslösten, beteuern die Israelis. Der Rest sei wirklich nur ein Zaun.

Ganz anders beurteilen die Palästinenser diese Anlage: Für sie ist es „die Mauer". Meterhoher Stahlbeton, oft durch ihre

Grundstücke, Gärten und Olivenhaine gezogen. Eine Mauer, die das Leben der Betroffenen noch schwerer mache, noch enger als ohnehin schon.

Kaum zu glauben: Diesseits wie jenseits des Bauwerks wird eine Musik gespielt, die für meine Ohren sehr verwandt klingt. Diese Musik bietet sich geradezu an als Brücke zwischen Kulturen, überlege ich noch. Eigentlich könnten arabische und jüdische Musiker doch gemeinsam spielen. In Israel kommt das gelegentlich vor. Warum nicht auch hier im Westjordanland, frage ich mich. Dann lehne ich mich zurück und höre weiter.

Das heißt: So ganz kann ich mich nicht auf die Musik konzentrieren. Ich lasse meinen Blick durch den Hof schweifen. Versuche herauszufinden, wie es meinen Gästen wohl gehen mag. Sie sind ja fast alle zum ersten Mal im von Deutschland aus gesehen „Nahen Osten".

Gestern Nacht haben wir Quartier bezogen im gemütlichen Gästehaus „Beit al Liqa" meiner Freunde Marlene und Johnny Shahwan, ebenfalls in Beit Jala. Heute Morgen haben wir uns erst einmal im nahe gelegenen Bethlehem umgesehen. Auf den Hirtenfeldern vor der Stadt haben wir uns an den großen Chor der Engel erinnert, der hier in der Gegend einst die Geburt Jesu ankündigte. Wir haben versucht, uns das vorzustellen: Der Retter der Menschheit als Baby ausgerechnet im Mief einer Höhle, in der sich Vieh und die kleine Familie aus dem Norden zusammendrängen müssen.

Als wir anschließend versuchten, die Geburtskirche zu besuchen, ging es dort ähnlich gedrängt zu wie damals im Stall bzw. in der Höhle für das Vieh. Und die Luft war vermutlich auch nicht wesentlich besser als damals. Hunderte von Menschen versuchten wie wir, zur kleinen Geburtsgrotte unter dem Hauptaltar dieser Kirche zu gelangen. Eine lange Schlange von Wartenden zog sich durchs Kirchenschiff. Wir ordneten uns brav ein. Doch stellten bald fest: Keinen Zentimeter bewegte sich die Schlange vorwärts. Nach einer sinnlosen Wartezeit mussten wir unverrichteter Dinge weiterziehen. Nicht nur für Josef und Maria damals gab es keinen Platz, weil so viele Menschen in Bethlehem waren, witzelten wir.

Doch unsere Enttäuschung verflog schnell: Wir vereinbarten einen Treffpunkt und eine bestimmte Zeit. Dann schwärmten meine Teilnehmer aus. Und entdeckten gleich hinter den Touristenshops am Bethlehemer Krippenplatz das ganz normale palästinensische Leben: den Markt, auf dem lautstark Gurken, Zucchini, Tomaten und viele anderen Arten von frischem Gemüse angepriesen werden. Die Klamottenläden, in denen von westlichem Chic bis zur palästinensischen Tracht alles angeboten wird. Die Straßenhändler, die gefakte Markenuhren, Parfums und Handys zu Spottpreisen an den Mann und die Frau bringen wollen. Und überall den Duft von Kaffee, Kardamom und gebratenem Lamm. Von Tee, Kräutern und allen möglichen Arten von zuckersüßem Gebäck.

Laut. Leidenschaftlich. Farbenfroh. Hie und da ein bisschen verwirrend. Aber ausgesprochen interessant. Für fast alle Reiseteilnehmer eine erste Begegnung mit einer bis dahin völlig fremden Welt.

Nach einem ausgesprochen leckeren Mittagessen bei Shahwans – Suppe, Salate, Humus (Kichererbsenmus), Gemüse, Hühnchen, Fisch, Nachtisch – und einem angenehmen Nachmittagsschlaf brachte uns der Bus ein paar Minuten weiter zu LIFEGATE.

Und genau hier sitze ich nun, im Innenhof des modernen Zentrums von LIFEGATE. Hell ist es. Luftig. Schön. Um mich herum etwa 80, 90 fröhliche Menschen. Unter unsere deutsche Reisegruppe haben sich inzwischen Mitarbeiterinnen und Mitarbeiter von LIFEGATE gemischt. Das erfordert ein bisschen Mut, von beiden Seiten. Anfangs noch ein wenig zurückhaltend begrüßt man sich. Dann ein bisschen Smalltalk. Auf Englisch. Auf Deutsch. Oder per Zeichensprache. Man tauscht Namen aus und versucht herauszubekommen, mit wem genau man es wohl zu tun hat. Von manchen Tischen höre ich es kichern und lachen.

Ich sehe mich um und genieße den Abend. Auf die drei Musiker habe ich mich schon längere Zeit gefreut. Schließlich bin ich selbst Songtexter und Liedermacher und gebe viele Konzerte. Ich weiß: Musik vermittelt viele Wahrheiten besser, als es lange Reden tun könnten. Die drei Künstler, die heute Abend für uns aufspielen, haben eine ganze Menge zu vermitteln: Lebensfreude. Respekt vor ihrer Kultur. Gastfreundschaft.

„Wir machen eine kleine Pause", kündigt der Flötist an, der Bandleader. Diesmal auf Deutsch. Ach ja? Wo hat er das denn gelernt? Ich gehe mir etwas zu trinken holen, dann schlendere ich zu ihm. Und erlebe einen offenen, ausgesprochen angenehmen Gesprächspartner.

Fares ist Musiker. In den letzten zwei Jahren hat er regelmäßig-unregelmäßig bei LIFEGATE geholfen. Vor allem mit Kindern zwischen sechs und zwölf Jahren hat er gearbeitet. Mit Autisten. Hat versucht, diese Menschen mit ihrer ganz besonderen Kommunikations-Behinderung über die Musik zu erreichen. Hat sie dazu bewegt, selbst aktiv zu werden, zu trommeln, Töne zu erzeugen, ein Gefühl für Rhythmus und Melodie zu entwickeln.

Fares hat in Deutschland Musik studiert. Und ist mittlerweile so gut auf seinen diversen Flöten geworden, dass er gerade ein Stipendium des berühmten BERKLEE COLLEGE OF MUSIC in Boston USA ergattern konnte (eine Institution in Musikerkreisen, in der schon Weltstars wie John Mayer, Quincy Jones, Al di Meola und Diana Krall ihr Handwerk gelernt haben).

Kaum zu glauben: Dieser Könner stellt hier seine außergewöhnlichen Gaben und Fähigkeiten in den Dienst von Menschen, die körperlich oder geistig eingeschränkt sind. Die nicht mithalten können, wenn in ihrer Familie, in ihrem Dorf oder in der Schule gesungen oder musiziert wird.

Ein behindertes Kind gilt in vielen palästinensischen Dörfern als Schande. Es wird nicht selten abgeschoben, versteckt, weggesperrt, ausgegrenzt. Und ausgerechnet solchen Kindern widmet Fares seine Kunst. Bei LIFEGATE findet er den Rahmen, in dem das möglich ist. In dem er mithelfen kann, solchen Kindern und Jugendlichen ein Tor zum Leben zu öffnen. Beeindruckend.

„Wir freuen uns gleich auf deine Lieder", ruft Fares mir noch zu. Dann tritt er ans Mikrofon. Kündigt eine zweite Runde arabischer Folklore an. Und spielt und spielt wieder so faszinierend, so gekonnt, so virtuos.

Au weia, wie soll ich da anschließend mit einer ausgeliehenen Klampfe und ohne meine Musiker auch nur einigermaßen mithalten können? Und dann auch noch in Englisch – wo ich doch eigentlich immer nur in meiner Muttersprach singe …

Während die Band wieder Spielfreude zelebriert, komme ich ins Grübeln. Burghard Schunkert – der Gründer und Leiter von LIFEGATE – hatte mich am Telefon eingeladen, ein paar Lieder zu diesem Abend beizutragen. Speziell für seine Mitarbeiter. Auf Englisch. Ich hatte doch keine Ahnung, wie faszinierend gut diese drei hier musizieren. Wenn ich gleich nach denen spiele, dann blamiere ich mich doch bis auf die Knochen. Soll ich jetzt kneifen? Meinen Beitrag absagen?

Viel zu schnell sind die drei bei ihrem letzten Stück angelangt. Fares bedankt sich höflich, sein Trio verneigt sich noch einmal. Dann tritt Burghard Schunkert ans Mikrofon und kündigt mich an.

Ich wische mir den Schweiß von der Stirn. Ziehe mir einen Stuhl ans Mikrophon, auf den ich mein rechtes Bein stellen kann. Klemme mir die ungewohnte Gitarre (die mal einen Satz neuer Saiten vertragen könnte) zwischen Oberschenkel und Schulter und fange an.

Nein, nicht zu singen, sondern zunächst zu erzählen.

Wie ich vor etwa sechzehn Jahren den Anruf eines Freundes aus Südafrika bekam. Wie er mir recht verhalten von der Geburt seines Sohnes Julian erzählte. Und dann davon, dass das Kind wohl mit dem Downsyndrom zur Welt gekommen sei.

Ich spüre: die Aufmerksamkeit der LIFEGATE-Mitarbeiter ist mir bei diesem Einstieg sicher. Und dann singe ich für sie den Text, den ich damals spontan für das frisch geborene Baby und seine Eltern geschrieben habe (und den Manfred Siebald für mich fachkundig ins Englische übertragen hat):

Welcome, child, this is your place.
See where you belong:
Here God brought you by his grace.
Here you can grow strong.

Ein Lied über ein besonderes Kind. Oder besser: Ein Lied *für* dieses Kind. Und für seine Eltern:

Sei willkommen, Menschenkind,
hier ist für dich Platz.

Bist nicht, wie die andern sind
und doch ein großer Schatz.

Ein warmes Nest ist schon bereitet,
gebaut aus Liebe und aus Lachen,
von Tränen nicht kaputt zu machen.
Hier kannst du kuscheln, dich verstecken,
ganz langsam deine Welt entdecken.
Ein Wunschkind bist du, heißgeliebt –
wie schön, dass es dich gibt!

Sei willkommen, Menschenkind, ...

Und rundherum, wie eine Mauer,
stehn wir, wolln deine Eltern stützen,
als gute Freunde dich beschützen.
Nichts soll dir wehtun, nichts dich kränken,
mit Hoffnung wolln wir dich beschenken.
So sehr wirst du von uns geliebt –
wie schön, dass es dich gibt!

Sei willkommen, Menschenkind, ...

Gott selbst schickt seine besten Kräfte,
stellt Engel auf, die nach dir sehen,
nichts Böses darf mit dir geschehen.
Sollst dich, wie du es kannst, entfalten.
Ein Kind, von Gott im Arm gehalten,
bleibst du – unendlich tief geliebt –
wie schön, dass es dich gibt!

Sei willkommen, Menschenkind, ...

Ich singe. Schwitze. Bekämpfe die leicht zittrigen Knie. Versuche, den Blick nicht nur auf den Text zu richten, sondern auch auf meine Zuhörer. Bin erleichtert, als ich einigermaßen fehlerfrei durchkomme. Und freue mich über den anschließenden Beifall, der echt und aufrichtig klingt.

Irgendwie spüre ich: Das alles hier hat noch ein Nachspiel. Da kommt noch was. Eine ganze Menge vielleicht. Es ist kein Zufall, dass ausgerechnet ich ausgerechnet hier ausgerechnet dieses Lied singen kann.

Die LIFEGATE-Mitarbeiter saugen diese Botschaft auf. Sie verstehen erheblich mehr von besonderen Kindern als ich. Tag für Tag setzen sie sich für solche Kinder und Jugendlichen ein. Mein Lied macht ihnen hoffentlich Mut dazu. Tatsächlich erkundigen sich manche von ihnen noch an diesem Abend: Könnten wir das Lied auch für uns und unsere Arbeit einsetzen?

Der gemeinsame Sommerabend geht mit ein, zwei weiteren meiner Lieder zu Ende. Noch einmal gibt's Beifall. Gute Wünsche hin und her.

Dann machen wir uns auf den Weg zurück ins Gästehaus BEIT AL LIQA. Ein angenehmer Spaziergang durch Beit Jala, höchstens fünfzehn Minuten lang. Zeit nachzudenken über das, was ich heute Abend erlebt habe: die Gastfreundschaft. Die Musik. Die Gemeinschaft höchst unterschiedlicher Menschen.

Mir geht durch den Kopf: Ich möchte unbedingt mehr erfahren über LIFEGATE. Ich bin gespannt darauf, mehr über LIFEGATE zu erfahren. Über die Menschen, die hier arbeiten. Über die, für die sie sich einsetzen. Über die Familien der Kinder und Jugendlichen, die hier im Mittelpunkt stehen. Über die Entstehungsgeschichte von LIFEGATE.

Und natürlich interessiert mich auch die Frage, wie Menschen leben und arbeiten, hoffen und glauben können in diesem besonderen Teil der Welt.

In diesem Heiligen und doch oft so „heillosen" Land. Zwischen Terrorangst und Auswanderungswellen. Zwischen Konflikten und Perspektivlosigkeit.

Nein, das ist viel mehr als die professionelle Neugier eines Journalisten. Ich spüre ein tiefes Interesse an dem, was hier in Beit Jala vor sich geht. Ich will LIFEGATE wirklich begreifen. Den Gründer und Leiter Burghard Schunkert und seine Motive kennenlernen. Die Motivation der Mitarbeiter wenigstens ein bisschen verstehen. Mich von ihnen anstecken lassen. Und darüber schreiben.

Kapitel 3

Rollstuhl-Engel Richard

Wie ein paar zupackende Männer aus Montana
Hunderte von Menschen im Nahen Osten
auf Trab bringen

Ein Container vollgepackt mit 200 gebrauchten Rollstühlen und Gehhilfen. Ein Riesenpaket, dessen Inhalt das Leben vieler Menschen beflügeln kann.

Absender: die Rollstuhl-Engel aus Montana, USA.

Adressat: LIFEGATE, Beit Jala, zu Händen von Rollstuhl-Engel Richard.

Richard Stepan, knapp sieben Jahrzehnte jung und nach eigener Auskunft „hyperaktiv", erzählt mir in atemberaubendem Sprechtempo die Geschichte dieses Containers. Und seine eigene Geschichte. Der ganze Mann voll in Action. Gesicht, Hände, Körper erzählen lebhaft mit. Und machen mir von Anfang an klar: Manche Engel brauchen keine Flügel. Auch nicht, wenn sie wenige Kilometer weg von Bethlehem im Einsatz sind.

Wir sitzen im Erdgeschoß des LIFEGATE-Zentrums zusammen, in einer Art Ausstellungsraum voller Rollstühle. Rollstühle in verschiedenen Größen, verschiedenen Farben, verschiedenen Ausführungen. Alle jederzeit einsetzbar, sofort gebrauchsfertig. Und alle gebraucht. Sichtbar schon eine Weile im Dienst. Mindestens zwei Jahre alt. Fünf Jahre. Manche vielleicht Jahrzehnte.

Richard zeigt mir seine Sammlung und lacht dabei laut und herzlich (wie praktisch durchgängig in unserem Gespräch): All diese Rollstühle hätten seine Kumpels in Montana eingesammelt. Bob, der Farmer. Bill, der früher mit Immobilien handelte. Roger, der Schreiner. Und natürlich auch Steve, der mal Prediger war und heute große Trucks steuert.

„We are the Wheelchair-Angels", verkündet Richard stolz. „Wir sind die Rollstuhl-Engel". Ich erfahre: Die zumeist älteren Amis vom Land haben sich ein großartiges Ziel gesetzt: Sie wollen mit vereinten Kräften die „kleinsten Engel" so mobil wie möglich machen. Und auf dem Weg zu diesem Ziel ist ihnen kein Weg zu weit und keine Anstrengung zu groß.

Mit breitem Lachen und spürbarem Stolz präsentiert Richard mir das Logo seiner ungewöhnlichen Engel. Damit es auch wirklich nicht übersehen werden kann, hat er es gleich zweimal auf sein Sweatshirt aufsticken lassen. Auf der Brust in klein. Groß und breit auf dem Rücken.

Ich sehe einen stilisierten Rollstuhl. Und hinter dem Menschen, der auf diesem Stuhl sitzt, ein Paar Flügel. Wenn es die Werbung für einen Energydrink („... verleiht Flügel") nicht schon gäbe, wäre genau dieser Satz ein Motto für die zupackenden Männer aus Montana: Sie wollen Menschen beflügeln, die gehandicapt sind. Menschen, die nicht laufen, springen, durch die Gegend sausen können wie „normale" Zeitgenossen, sollen durch den Rollstuhl „losfliegen" können.

Richard stoppt sein Lachen für einen tiefen Atemzug. Will mir klar machen, was hinter dem Logo steckt. Fängt seine Geschichte ganz von vorne an.

Solang er denken könne, habe er mit medizinischen Hilfsmitteln zu tun gehabt, berichtet er. Eine halbe Ewigkeit lang Rollstühle, Prothesen, medizinische Hilfsmittel. Von ihm persönlich entwickelt, gebaut, getestet, verkauft. In seinem Heimatstaat. Dann überall in den USA. Schließlich weltweit. Eine wirklich sinnvolle Aufgabe eigentlich. Schließlich konnte er so vielen Menschen gute Hilfsmittel für ihr Leben beschaffen.

Als ich mich vorsichtig genauer nach dieser Lebensphase erkundige, wird der sonst so sprudelnde Richard stiller. „Vieles war nicht gut in dieser Zeit. Ich hab eine Menge Mist gebaut. Aber vor fünfzehn Jahren wurde das alles anders. Vollkommen anders."

Vor fünfzehn Jahren – ich rechne im Stillen kurz nach – , da ist der drahtige Amerikaner etwa Mitte 50. Ein paar Jahre vorher hat er Kontakt bekommen zum Hilfswerk JONI AND FRIENDS, das überall auf der Welt Menschen mit Behinderungen unterstützt und begleitet.

Einen Experten wie ihn kann das Hilfswerk brauchen. Er lässt sich überreden und bringt seine Erfahrung ein. Von Zeit zu Zeit opfert er ein paar Tage oder ein paar Wochen. Fliegt mit dem Joni-Team los. Bringt in verschiedenen Entwicklungsländern Rollstühle auf Vordermann. Passt sie genau dem jeweiligen Nutzer an. In Guatemala zum Beispiel. In Ecuador. Kenia. Jamaika. Ägypten. Und vor fünfzehn Jahren dann, im Jahr 2003 in Israel.

Ausgerechnet im Heiligen Land und hier ausgerechnet auf dem Ölberg macht Richard eines Abends eine für ihn vollkommen unerwartete Erfahrung. Eine, die letztlich eine komplette Kehrtwende seines Lebens nach sich zieht.

„Es kann nur der Heilige Geist gewesen sein, der da zu mir sprach", versucht Richard mir das Unerklärliche verständlich zu machen.

„Was er mir sagte, war glasklar: ‚You need to love these people'. Liebe die Menschen hier in diesem Land. – Du siehst ja: Ich bin ein einfach gestrickter Typ. Deswegen hatte der Heilige Geist auch nur eine einzige Botschaft für mich: Liebe gefälligst! Das hab ich kapiert."

Richard hört in seinem Inneren die ungewöhnliche Botschaft. Und erlebt seine Berufung. Die Berufung zum Rollstuhl-Engel.

Zwar müssen noch ein paar Jahre ins Land gehen, bis er das richtig begreift. Er wird sich noch von seinem bisherigen Leben verabschieden. Seinem Leben eine radikale Wende verpassen. Er wird noch – wie er es ausdrückt – „Christus als seinen Herrn und Retter annehmen", also sein Leben ganz und gar Christus anvertrauen. Er wird sich noch mit all seiner unbändigen Kraft auf den Weg in den Fußstapfen Jesu machen. Er „muss einfach".

Und schließlich kommt er dort an, wo heute sein Herz schlägt: bei den Menschen mit Behinderungen in Israel, im Westjordanland, in Jordanien. Denen er als Rollstuhl-Engel möglichst viel Bewegungsfreiheit bringen will.

Das kommt so: Ein paar Jahre nach seinem Berufungserlebnis ist Richard wieder in dieser Gegend der Welt unterwegs. Diesmal in einem Flüchtlingslager in Jordanien. Er bringt den Menschen dort bei, wie man Rollstühle repariert und anpasst. Und er packt auch selbst mit an. Eigentlich will er nur ein paar Wochen bleiben. Doch bei der Gelegenheit trifft er Mitarbeiter von LIFEGATE, die mit dem gleichen Anliegen gekommen sind.

Wie praktisch, dass Richard noch kein Rückflugticket hat. Er spricht mit den Lifegate-Leuten. Er sieht sich ihre Arbeit an. Und er bleibt.

Auf einmal weiß Richard, wo er hingehört. Wo seine Gaben und Fähigkeiten gefragt sind. Wo genau er Menschen mit Behinderungen zu einem mobileren Leben verhelfen kann.

Er sorgt für den Verkauf seines Hauses in der Heimat Montana. Er zieht in einen winzigen Lagerraum in Beit Jala. Er beschließt, Lifegate mit ganzer Kraft zu unterstützen. Jesus von nun an in Beit Jala zu dienen. Und was er einmal beschlossen hat, das zieht er durch. Bis heute.

„Außer einem Koffer hatte ich nichts dabei", berichtet er mir und schüttet sich wieder fast aus vor Lachen. „Geld jedenfalls nicht. Dafür ein Herz, das bereit war, zu dienen. Und das hab ich dann auch getan. Stell dir nur vor: Seit mittlerweile acht Jahren bin ich hier."

Richards fröhlicher Redefluss wird unterbrochen. Es klopft an der Tür. Den Rest seiner Geschichte muss er sich für später aufsparen. Die Tür öffnet sich und ein elektrischer Rollstuhl schießt herein.

Im Stuhl thront Sain, ein schmächtiger Zwölfjähriger mit Pudelmütze. Der Junge strahlt Richard entgegen. Sein Kopf zuckt dabei hin und her. Sain ist zerebral gelähmt, leidet an einer spastischen Lähmung. Wegen einer Hirnschädigung kann er seine Bewegungen nicht immer selbst kontrollieren. Aber seine Freude strahlt aus allen Knopflöchern.

Richard stellt sich sofort ganz und gar auf seinen kleinen Patienten ein.

„Du bist also tatsächlich mit deinem Feuerstuhl vom dritten Stock aus bis herunter zu mir gekommen – und kein Mensch hat dir dabei geholfen?!"

Sain freut sich über die Anerkennung, die in Richards Frage

steckt. Antwortet stockend auf Arabisch. Weder Richard noch ich verstehen ein Wort. Doch wir sehen dem strahlenden Jungen genau an, was er geantwortet hat.

Inzwischen ist auch Nicolas Zeidan zu uns gestoßen. Ein junger LIFEGATE-Mitarbeiter. Einer, der sich auch hervorragend mit Rollstühlen auskennt, wie ich erfahre. Einer, dem Richard all sein Know-how weitergegeben hat.

Nicolas übersetzt das Gespräch zwischen dem palästinensischen Jungen Sain und dem fast siebzigjährigen Rollstuhlengel Richard. Wortfetzen hin und her. Gekicher, Gelächter, Gepruste. Der Altersunterschied verwischt. Zwei Jungen unterschiedlichen Alters albern herum. Richard blödelt. Sain quietscht vor Lachen.

„Schau dir meine zwei Wollschäfchen hier an, Sain", meint Richard und deutet auf das Fenster. „Die hab ich mir hier aufgehängt, damit ich nicht so allein bin. Könntest du mir von daheim nicht mal ein echtes Schaf mitbringen?"

Sain gluckst bei der Vorstellung.

Kurz wendet sich Richard an mich: „Weißt du, Beziehung ist alles. Ich will und ich brauche eine gute Beziehung zu all meinen Patienten hier. Nur Sain selbst kann mir sagen, was an der Einstellung seines Rollstuhls nicht optimal ist. Ob ich den Sitz etwas höher stellen muss oder die Lehne leicht neigen. Ob der Stuhl sich leicht steuern lässt oder irgendetwas an seiner Haut scheuert. Nur Sain kann das beurteilen. Wenn wir eine gute Beziehung zueinander haben, dann wird er mir das sagen. Auch ohne Worte."

Nach der kurzen Erklärung ist Richard schon wieder ganz bei Sain.

„Dein Papa ist gerade im Ausland und kommt am Freitag zurück, hab ich gehört. Ruf ihn an und sag ihm, dass er mir eine Flasche Wodka mitbringen soll."

Sain wiehert. Und Richard selbst muss über seinen derben Scherz so lachen, dass er sich den Bauch hält. Wodka im Westjordanland!

Noch einmal wechselt Richard die Blickrichtung, dreht sich wieder zu mir: „Schau dir den schicken Rollstuhl an, in dem Sain sitzt. Tipptopp, obwohl er schon an die zwanzig Jahre auf dem Buckel hat. Den Stuhl haben meine Kumpels besorgt, die Rollstuhl-Engel aus Montana. Ein Nobel-Teil. Hat mal 30.000 Dollar oder mehr gekostet. Meine Kumpels haben ihn geschenkt bekommen und konnten ihn nur mit Ersatzteilen für ein paar Dollar wieder flott kriegen.

Jetzt macht das Ding den smarten Bengel hier mobil. Es stärkt sein Selbstbewusstsein. Es gibt ihm die Chance zu entscheiden: Will ich nach links oder will ich nach rechts? Sain braucht niemanden um Hilfe zu bitten. Er packt einfach den kleinen Joystick am Rollstuhl und saust los. Stell dir vor: Der Kerl kann tun, was *er selbst* will. Für Sain bedeutet das ein total anderes Leben. Für ihn ist der Rollstuhl ein Geschenk des Himmels.“

Richard lacht und lacht und wendet sich dann wieder mit neuen Blödeleien an Sain.

Aus dem Gelächter heraus stellen Richard und dann auch Nicolas ernsthafte Fragen. Erkundigen sich bei Sain danach, ob mit seinem Rollstuhl alles okay ist. Ob irgendwelche Details angepasst oder verändert werden müssten.

Ich lerne: Einen Rollstuhl regelrecht „maßzuschneidern“, ist eine Wissenschaft für sich. Als alles passt, endet die Audienz, wie sie begonnen hat: mit ein paar Witzen, einem Klaps, einem Gruß. Sain strahlt. Verabschiedet sich bei seinem Freund Richard. Legt die Finger um den Joystick und macht sich auf den Weg zurück in seine Klasse. Selbstständig.

„Gott hat mich nach Beit Jala geführt", erzählt Richard mir, als der Junge den Raum verlassen hat. „Hierher hat er mich berufen – ausgerechnet in das verheißene Land. Hier bin ich am richtigen Platz. Hier kann ich in einer Sprache mit den Menschen sprechen, die sie alle verstehen: Muslime, Juden und Christen – ich meine die Sprache der Liebe.

Meine Kumpels aus Montana helfen mir dabei. Seit Jahren sammeln sie gebrauchte Rollstühle und Zubehör. Sie packen den ganzen Kram in einen riesigen Container. Und den schicken sie dann hierher. Stell dir nur vor: Da sind jeweils an die zweihundert Rollstühle drin. Und jede Menge Zubehör. Wahnsinn. Ne Menge Arbeit, das alles auszupacken, herzurichten, zu verteilen und anzupassen. Aber auch eine Menge Hilfe für die Leute hier. Die meisten von den Stühlen, die meine Kumpels mir in den letzten Jahren hierher geschickt haben, dürften noch laufen. Ich hab mal überschlagen und vermute: Wir Rollstuhlengel haben hier im Nahen Osten bis jetzt insgesamt so etwa zweitausend Menschen mobil gemacht!"

Richard – Gründer, Direktor und vermutlich aktivstes Mitglied der WHEELCHAIR-ANGELS – klatscht sich auf die Schenkel und lacht. Gemeinsam mit seinen Freunden hat er das Hilfswerk gegründet. Ihr stilisierter Rollstuhl mit dem Flügel ist ein echter Hingucker. Wenn es nach Direktor Richard geht, dann würden noch viele Menschen in vielen Ländern der Erde dem Vorbild der Rollstuhl-Engel folgen: „Die Botschaft unseres Logos jedenfalls funktioniert weltweit", erklärt Richard strahlend.

Hat der umtriebige fromme Amerikaner zwischendurch auch mal Zeit zum Lesen, zum Bibellesen, frage ich, kennt er einen Satz, der zu seinem Dienst als Rollstuhlengel passt? Schlagfertig antwortet Richard: „Aber klar doch! 1. Johannes

3,18: ‚Lasst uns nicht mit den Worten oder mit der Zunge lieben, sondern mit der Tat und der Wahrheit.'"

Oder im etwas flapsigen Ton Richards frei übersetzt: Heutige Engel haben keine große Klappe, sondern sie packen zu. In Montana. Und in Beit Jala!

Kapitel 4

Kämpferinnen mit der Stricknadel

Wie Linda und Asma
ihr Leben im Rolli meistern

Ist es noch weit?

Ich weiß, die Frage nervt, aber sie geht mir jetzt schon zum dritten Mal durch den Kopf. Vor einer Stunde sind wir in Beit Jala losgefahren. Peter Qubrosi auf dem Beifahrersitz: Als Sozialarbeiter besucht und betreut er regelmäßig behinderte Menschen, die mit LIFEGATE verbunden sind, in ihren Wohnungen und Häusern. Am Steuer Nael Rishmawi – bei LIFEGATE so eine Art „Mann für alles", der in jeder Werkstatt und in jedem Klassenzimmer kurzfristig einspringen kann, der über eiserne Nerven und einen unerschütterlichen Humor verfügt.

Wir lachen viel auf der Fahrt mit den beiden. Sie bringen uns bei, wie man auf Arabisch „Kein Problem" sagt: „Mafiesch muschkilla" – zwei Wörter, die anschließend immer stürmisches Gelächter auslösen, wenn wir sie verwenden. Auf und ab geht's durch die hügelige Landschaft südlich von Beit Jala, mal sind die Straßen breiter, dann wieder schmäler, mal passieren wir arabische Dörfer und dann wieder israelische Siedlungen, mal Olivenhaine und mal freies Feld. Wir bekommen einen Einblick ins Westjordanland wie vermutlich die wenigsten Israel-Reisenden.

Hab ich eigentlich schon gefragt, wann wir endlich da sind?

Ich hätte mir ja denken können, dass es eine ganze Weile dauert. Denn kaum waren wir bei LIFEGATE gestartet, hatten unsere beiden Begleiter uns zu einem Straßenrestaurant chauffiert, wo es angeblich die besten Shawarma (also die hiesige Variante des Döner Kebabs) der Gegend geben soll. Die müssten wir unbedingt probieren, meinten Nael und Peter. Schon allein damit wir unterwegs keinen Hunger bekämen.

Es war zwar erst kurz nach zehn Uhr, das Frühstück noch gar nicht so lang her. „Aber wenn ihr meint …"

Also habe ich mir Shawarma mit ordentlich scharfer Soße servieren lassen. Und beim Essen richtig Appetit bekommen. Lecker. Noch kurz die Soßenreste von den Fingern abwischen. Dann ab ins Auto.

Und seitdem fahren wir. Durch Beit Jala durch. Gleich danach durch die winkeligen Gassen einiger Dörfer am Rand des Großraums Bethlehem. An Efrata vorbei (der Name kommt mir irgendwie weihnachtlich vor). Und jetzt eben durchs Westjordanland.

„Da links, das ist Hebron", lacht Nael und deutet mit großer Geste auf die Stadt auf dem Hügel, an dem wir gerade auf einer Umgehungsstraße vorbeiziehen.

Hebron. Für einen kurzen Moment bleibt mir der Atem stehen. In mir rattern Stichworte, die ich mit Hebron verbinde:

» Die Höhle Machpela (das erste Stück Land, das Abraham sich hier in der Gegend zulegte).

» Die Gräber der Erzväter Abraham, Isaak und Jakob (und ihrer Gemahlinnen). Hochverehrt von Juden wie von Muslimen.

» Die wenigen hundert Juden, die in Hebron inmitten der heute gänzlich palästinensisch geprägten Stadt den Davidsstern und ihren Besitzanspruch auf dieses Land hochhalten.

Hebron.

Die Stadt Abrahams, den die Bibel als „Freund Gottes" bezeichnet (zum Beispiel Jakobus 2,23). Die Stadt, deren Namen eben „Freund" bedeutet. Und zwar sowohl der hebräische Name „Hebron" als auch der arabische „Al-Khalil".

Die Stadt, die zu den „heiligsten Orten" sowohl für Juden als auch für Muslime gehört. Und zu den friedlosesten in der Region.

Ich seufze.

Nael nimmt eine Kurve und noch eine, schon sind wir an Hebron vorbei. Aber am Ziel sind wir immer noch nicht. Geschätzte dreißig Minuten fahren wir auf Nebenstraßen weiter. Durchqueren eine Art Riesen-Wertstoffhof (um das Wort Müllhalde zu vermeiden). Gelangen dann zu ein paar Dörfern ohne erkennbares Zentrum. Eine Straße windet sich hindurch. Links und rechts zweigen manchmal kleinere Seitenstraßen ab. Wild verstreut überall Häuser. Kleine, mittlere, große, überdimensionierte. An fast allen wird noch gebaut. Betonpfeiler ragen ins Leere. Metallstreben warten darauf, künftigen Wänden und Decken Stabilität zu verleihen. Hier leben die ganz normalen Menschen. Uninteressant für Touristen und Schaulustige, die in Eile sind.

„Gleich sind wir da!", meldet Nael. Und schiebt prustend noch ein: „mafiesch muschkilla" nach. Kein Problem.

Nael hält an. Stellt das Auto unter einem großen Baum ab.

Wir steigen aus. Der Blick fällt auf ein großes Gebäude, fast schon mehrere Häuser in einem. Ein paar Stufen die Gartentreppe hinab – dann stehen wir vor dem prächtigen Eingang. Und werden auch schon erwartet. Eine scheue Frau um die siebzig, in bodenlangem Kleid und mit Kopftuch begrüßt uns. Bittet uns herein. Heißt uns willkommen.

Einen Augenblick später sitzen wir dann tatsächlich im Wohnzimmer der Familie Sharawna („Aufpassen, Christoph", nehme ich mir noch vor. „Rede die Familie bloß nicht mit Shawarma an").

Dann sehe ich mich um und staune. In dem großzügig geschnittenen Raum hätten gut und gerne fünfundzwanzig oder mehr Menschen Platz. Rundherum gemütliche Polster – alle in Violett, Ton in Ton, an der Wand und auf den Tischen viele typisch arabische Schmuckgegenstände – goldfarbene Teekannen, Spiegel, feingeschwungene Einlegearbeiten. Alles blitzblank geputzt. Glänzend. Vielleicht ein wenig kitschig für mitteleuropäische Geschmäcker. Aber eben typisch arabischer Schick – für den verehrten Gast nur das Beste.

Erst jetzt begreife ich: In diesem Haus lebt eine komplette Familie, die zur Mittelschicht hier im Land zu zählen ist, eine Großfamilie. Mutter Sharawna – die Dame, die uns begrüßt und uns Tee anbietet – berichtet ganz nebenbei von ihren sieben Söhnen und fünf Töchtern. Sage und schreibe zwölf erwachsene Kinder. Die Ehepartner und Kinder noch gar nicht mitgerechnet.

Ich muss diese Information gerade verdauen, als die Frau den Raum erfüllt, wegen der wir gekommen sind: Linda Sharawna, siebenunddreißig Jahre jung. Strahlendes Lächeln. Gepflegtes Outfit. Das Grün ihres Kopftuchsaums spielt mit dem Grün des Pullis. Eine Dame. Eine, die den Raum nicht auf ihren beiden Füßen betritt. Sondern die majestätisch im Rolli hereinschwebt.

Wir sehen uns in die Augen, Linda hält meinem Blick stand. Eine Persönlichkeit strahlt mir entgegen. Eine mit einem sehr kleinen, stark verwachsenen Körper. Eine, die auf den Rollstuhl angewiesen ist. Aber eine, die (wie ich vorab erfahren habe) im übertragenen Sinne auf eigenen Beinen stehen kann. Und eben deshalb bin ich gekommen.

So richtig kann Linda nicht begreifen, dass wir den weiten Weg hierher nur ihretwegen gemacht haben, wirkt zurückhaltend. Will offenbar nicht im Mittelpunkt stehen. Dann beginnt sie doch zu sprechen. Erinnert sich. Und irgendwann ist es, als ob ein Knoten aufgeht. Lebhaft erzählt sie, wie es war – in einer Kindheit, die sie nur auf einer Matratze liegend zubringen konnte. Von den Beinen, die so schlimm verdreht waren. Von dem Rücken, der keine Kraft hatte. Sie konnte nicht sitzen, nicht stehen, schon gar nicht zur Schule gehen. Nur zu Hause herumliegen. Bis ihre Familie dann eines Tages davon hörte, dass man sich in Beit Jala um Menschen wie sie kümmert.

Elf verlorene Jahre hat Linda erlebt. Jahre auf dem Boden. Und dann einen Kontakt, der ihr Leben komplett auf den Kopf stellt. Lindas Familie bringt das Mädchen den langen Weg nach Beit Jala. Und begleitet sie auf dem noch viel längeren Weg, der anschließend vor ihr liegt.

Linda ist die einzige in der Großfamilie mit einem Handicap. Und sie hat das Glück, dass Eltern, Schwestern, Brüder zu ihr stehen und sie unterstützen. Keine Selbstverständlichkeit hierzulande.

Ein Vierteljahrhundert ist das jetzt her. Eine halbe Ewigkeit. Burghard Schunkert sorgte damals dafür, dass das schwer behinderte Kind von Fachleuten untersucht wurde. Dr. Kinan Joseph, orthopädischer Chirurg und erfahrener Fachmann aus

Israel, operierte die Füße und dann auch den Rücken der Palästinenserin Linda. Zehn Operationen insgesamt waren nötig.

Gerade will ich nachfragen, wie sie diese Zeit der Schmerzen erlebt hat, da unterbricht ein Geräusch von außen unser Gespräch. Der Muezzin der nahe gelegenen Moschee ruft zum Gebet. Aus quäkenden Lautsprechern soll auch der letzte daran erinnert werden. Doch Linda achtet nicht darauf. Sie will mir gerade eine ganz besonders wichtige Botschaft mitteilen, das kann ich ihr ansehen:

„Das wichtigste, was ich damals gelernt habe, war Selbstbewusstsein. Ich kann etwas. Ich kann mir selbst helfen. Ich kann auch unabhängig von meinen Eltern leben. Ich kann lernen und mein Leben gestalten!"

Linda strahlt, kann es immer wieder kaum abwarten, bis Peter und Nael abwechselnd ihr Arabisch in für mich verständliches Englisch übersetzt haben. „Bevor ich zu LIFEGATE kam, konnte ich nicht lesen. Ich konnte nicht schreiben. Nichts konnte ich. Aber dann ist alles anders geworden!"

Die Operationen sind erfolgreich. Ganz behutsam lernt Linda, einen Rollstuhl zu nutzen. In Beit Jala zieht sie in eine LIFEGATE-Wohngemeinschaft von jungen Frauen ein. Sie lernt und lernt: Lesen. Schreiben. Mathe. Natürlich muss sie sich in der WG immer mehr an der Hausarbeit beteiligen. So lernt sie zu putzen. Sich allein zu duschen. Zu kochen. Die Wäsche zu waschen. Einzukaufen.

Lindas zweites Leben hat begonnen. Zu fast hundert Prozent unabhängig. Manchmal muss jemand sie anschieben. Aber im Grund schafft sie ihr Leben allein.

Und noch etwas lernt Linda: kunstvolle Handarbeiten. Nähen. Weben. Stricken. Sticken. Vor allem in der kunstvollen palästinensischen Stickkunst entwickelt sie große Fingerfertigkeit. Aber darüber will Linda jetzt gar nicht lange reden. Das will sie mir zeigen. Und so rollt sie über den Flur in ihr Zimmer, um einige Arbeiten zu holen.

Ich staune. Linda beeindruckt mich. Ich werde erinnert an die Begegnung mit einer anderen Rolli-Fahrerin, die ich im LIFEGATE-Zentrum kennengelernt habe. Asma Zboun, ebenfalls Weberin, Näherin, Stickerin. Ich weiß, Asma und Linda kennen sich gut. Haben zusammen in einer LIFEGATE-WG gewohnt. Zusammen gearbeitet.

Mit viel Humor und mit gesundem Selbstbewusstsein hat auch Asma mich empfangen. „Ich bin anders als die anderen", verkündete sie und klang fast ein bisschen stolz dabei. Sie setzte sich in ihrem Rollstuhl auf und erklärte dann: „Stell dir vor: Ich habe von fast allen Organen nur eins statt zwei – aber ich komme trotzdem gut durchs Leben."

Asma ist etwas älter als Linda. Eine attraktive Frau Ende vierzig. Schwarze Augen, dunkler Teint, fein gezupfte Augenbrauen, dezente Schminke. Eine Persönlichkeit mit Ausstrahlung. Mir kommt sie bei der ersten Begegnung wie eine gute Bekannte vor. Ihr Foto habe ich schon in verschiedenen Broschüren von LIFEGATE entdeckt. Asma ist so fotogen, dass man sie fast schon als „das Gesicht" von LIFEGATE bezeichnen könnte. Ihre Lieblingsfarbe ist rot. Und natürlich trägt sie die oft auf den Fotos, die ich von ihr schon gesehen habe.

Als ich sie kennenlerne, ist Asma von einer Krankheit geschwächt. Und doch erlebe ich sie engagiert, freundlich, fröhlich. Und sichtbar lebensfroh. Trotz all der Handicaps, die ihr Leben bestimmen. Asma hat nur ein Bein. Nur eine halbe Hüfte. Nur eine Niere. Hören kann sie nur ganz schwach und das auch nur mit einem Ohr.

Ich atme durch. Und höre Asma weiter zu:

Als Teenager stürzt das Mädchen vom Dach ihres Elternhauses und bricht sich dabei das Genick. Die Ärzte amputieren ihr ein Bein und etwa die Hälfte ihrer Hüfte. Den restlichen Körper legen sie in Gips. Und befreien Asma viel zu spät aus diesem Gipskorsett. Ihre Haut ist nach dieser Zeit weitgehend zerstört, der Rücken eine einzige offene Wunde. Als sie mit Anfang zwanzig zu LIFEGATE kommt, geht es Asma denkbar schlecht. Gehen und stehen sind ihr nicht möglich. Nicht einmal sitzen kann sie wegen ihres Rückens. „Genaugenommen hatte ich damals kein Leben", berichtet sie in der Rückschau. „Ich konnte nur daliegen und nichts tun."

Wie könnte man dieser schwer geplagten jungen Frau helfen?, überlegen Burghard Schunkert und sein Team, als sie Asma kennenlernen. Sie investieren jede Menge Zuwendung und Pflege. Fast drei Jahre lang behandeln erfahrene Krankenschwestern aus Deutschland Asmas offenen Rücken. Dann endlich schließen sich die Wunden.

Äußerst behutsam üben Therapeuten und Freiwillige mit Asma, wie sie sich sitzend eine Weile aufrecht halten könnte. Erst hält ihr Körper das nur ein paar Minuten lang aus. Bald noch ein paar Minuten länger. Und immer länger. Asma kämpft und trainiert wie eine Leistungssportlerin.

Irgendwann geht ihr fast die Kraft aus: Asma will nicht länger liegen und nur wenige Minuten sitzen üben. Sie will raus ins normale Leben. Weil Asma so drängt, bauen die LIFEGATE-Experten ihr ein ganz spezielles Fortbewegungsmittel: ein schmales Brett auf großen Rollstuhlrädern. Darauf kann sie auf dem Bauch liegen. Durch ein Loch nach unten sehen. Mit ihren Händen die Räder drehen und sich so voran bewegen. Nach einigem Üben rollt Asma mit diesem Brett einer neuen Freiheit entgegen. Erkundet die Straßen der Umgebung.

„Geht" schließlich einkaufen. Vor dem Laden ruft sie solange, bis jemand rauskommt, ihre Bestellung entgegennimmt und dann wiederum nach draußen bringt. Dann erst rollt Asma zufrieden nach Hause. Ermutigt, angefeuert und gefeiert von jungen Frauen aus Deutschland, die freiwillig für ein Jahr bei Lifegate helfen. Und mit denen Asma eine Zeit lang in einer Wohngemeinschaft zusammenlebt.

Doch das Rollbrett bleibt nicht das Fortbewegungsmittel Nummer 1 für die zähe junge Frau: Als sie endlich sitzen kann, findet Asma sich immer mehr im Rollstuhl zurecht. Damit erobert sie sich auf eigene Faust Straße für Straße und immer mehr Unabhängigkeit. Und sie lernt, im Sitzen ihre geschickten Finger einzusetzen: Sie beginnt zu nähen. Zu sticken. Und schließlich auch die Strickmaschine zu bedienen.

Seit siebenundzwanzig Jahren ist Asma nun schon bei Lifegate. Anfangs braucht sie unfassbar viel Hilfe und Unterstützung. Heute ist sie eine der erfahrensten und vielseitigsten Mitarbeiterinnen. Asma ist flexibel, kann jeweils in der Abteilung zupacken, in der gerade Hilfe gebraucht wird. Sie ist eine wichtige Stütze – trotz ihres lädierten Körpers, der ihr so viele Einschränkungen auferlegt und der ihr so viele Schmerzen zumutet.

Vom selbstverdienten Geld (und mit Unterstützung durch Verwandte und Lifegate) hat Asma sich inzwischen einen robusten Skooter angeschafft, eine Art dreirädrigen Motorroller. Jeden Morgen saust sie damit von zu Hause (wo sie mit ihrer betagten Mutter lebt) zur Arbeit bei Lifegate. Am Wochenende fährt sie mit dem Skooter in Bethlehem einkaufen. Oder macht mit ihren Nichten und Neffen einen „Spaziergang", erzählt sie schmunzelnd.

„Lifegate ist eine große Familie für mich", strahlt Asma.

„Hier erlebe ich Heimat und unglaublich viel Herzlichkeit. Hier habe ich es gelernt, mich auf Englisch zu verständigen. Und ich hab es gelernt, die Lippen meiner Gesprächspartner zu lesen und sie so trotz meines schlechten Gehörs zu verstehen."

„Leicht ist mein Leben nicht", räumt Asma ein. Ihr Körper stellt sie vor ständig neue Herausforderungen. „Ich bitte Gott jeden Tag um neue Kraft", sagt sie. „Und dann stehe ich jeden Morgen gerne auf, bin glücklich und freue mich auf meine Arbeit", lacht sie. Ihre Bitte scheint wieder einmal erhört worden zu sein.

Von Asma in Beit Jala zurück zu Linda ins Dorf südlich von Hebron. Inzwischen ist Linda zu uns in den prachtvollen Salon zurückgerollt. In der Hand hält sie leuchtende Handarbeiten: kunstvoll bestickte Handtäschchen, Buchhüllen, Lesezeichen, Schlüsselanhänger, Geldbeutel.

Ehrenamtlich tätige LIFEGATE-Unterstützer werden diese Gegenstände auf deutschen Weihnachtsmärkten und in Kunstgewerbeständen verkaufen. Linda sorgt für qualitativ hervorragenden Nachschub. Und bekommt gutes Geld dafür. Zuverlässig bearbeitet sie Aufträge von LIFEGATE. Und freut sich dann über das Geld, das sie damit verdient.

Besonderen Spaß mache es ihr, neue Designs zu entwerfen, erzählt Linda und gerät ins Schwärmen: Sie stöbere gerne im Internet nach Mustern. Und wenn sie dann auf einer heißen Spur sei, dann setze sie das neu inspirierte Muster Stich für Stich um. Gestalte ein Design, das noch niemand vor ihr gestickt hat. Eine Kunsthandwerkerin mit vielen Ideen. Und mit dem Willen, die auch umzusetzen.

Der Abschied naht. Schließlich haben wir noch einen längeren Heimweg durchs Westjordanland vor uns. Ich versuche, Linda auszudrücken, wie sehr sie mich beeindruckt hat. Und dass Asma und sie für mich tapfere Frauen sind.

Da schaltet sich Lindas Mutter in unser Gespräch ein, die sonst nur schweigend zugehört hat: „Wissen sie, meine Tochter ist eine Kämpferin. Und sie hat viel Kraft. Was sie sich in den Kopf setzt, das erkämpft sie sich", sagt die Mutter. Und dann strahlt sie vor Stolz. Auf ihre Tochter da im Rolli. Und Lindas zweites Leben.

Mit der Hilfe der Familie und mit der Unterstützung durch LIFEGATE kein Problem. Mafiesch muschkilla.

Kapitel 5

Persönlichkeit mit Ausstrahlung

Prägende Begegnung mit Joni Eareckson Tada
(Gießen 1976 / Los Angeles 2018)

Das biografische Buch hat einen auffällig gelben Umschlag. Einen Titel so kurz wie der Vorname der Autorin: Joni. Eine spannende Story. Ergreifend. Berührend. Authentisch. Kurz nach Erscheinen im Jahr 1976 taucht es auf sämtlichen Büchertischen und in allen Buchhandlungen mit christlichen Büchern auf. Auch beim CVJM in Gießen.

Burghard Schunkert ist Anfang zwanzig, als er das Buch dort entdeckt. Er hat keine Ahnung, dass es ihn auf die wichtigste Aufgabe seines Lebens vorbereiten wird.

In dem Bestseller schildert eine junge Amerikanerin ihr Schicksal, die nur fünf Jahre älter ist als er selbst. Eine sportliche, lebenslustige Frau, die für ihr Leben gerne reitet. Sie beschreibt, wie sie nach einem Kopfsprung-Badeunfall aufwacht und feststellen muss, dass sie Arme und Beine nicht mehr gebrauchen kann. Wie es sich anfühlt, plötzlich nicht mehr gehen und stehen zu können. Gelähmt zu sein vom fünften Halswirbel an abwärts.

Burghard Schunkert liest und liest. Fiebert mit.

In der Klinik gibt es erst ein Fünkchen Hoffnung, dass doch manche Körperfunktionen von Joni wiederkehren könnten. Aber immer mehr stellt sich heraus: Joni wird gelähmt bleiben, ihr ganzes Leben lang.

Jonis Botschaft ist nicht bedrückend – trotz aller Verzweiflung, trotz aller Klage, trotz aller bohrenden Fragen an die Adresse Gottes. Joni macht Hoffnung, weil sie ihr schweres Schicksal durch ihren Glauben annehmen und bewältigen kann. Und weil sie in den neugesteckten Rahmen ihres Lebens ein neues, beeindruckendes Bild malt. Vorne auf dem Cover des Buches ist sie selbst zu sehen mit einem Pinsel im Mund. Auf die einzige Weise, mit der sie sich kreativ ausdrücken kann, malt Joni: mit dem Mund. Farbenfrohe Bilder voller Lebensfreude.

Bis zur Lektüre dieses Buches hat Burghard Schunkert noch keinen persönlichen Kontakt zu einem Menschen mit einer Behinderung gehabt. Weder in seiner Familie noch im Freundeskreis gibt es jemanden, der nicht sehen oder nicht hören könnte. Der geistig oder körperlich nicht mit den anderen mithalten könnte. Der einfach etwas anders ist als die angeblich „Normalen". Doch nachdem Burghard sich in Jonis Leben hineingefühlt hat, wird er sensibler. Er nimmt auf der Straße Menschen mit Behinderungen wahr. Und beschäftigt sich zumindest im Kopf mit ihren Lebensumständen.

Anschließend ruht das Thema bei Burghard. Zunächst jedenfalls. Ein Jahr lang. Ein Jahrzehnt lang. Zwei Jahrzehnte lang. Zwar sieht er immer mal wieder im Vorbeigehen das weitverbreitete Buch von Joni. Aber erst Im Jahr 2012 bekommt er persönlichen Kontakt zu der Amerikanerin und ihrer Arbeit.

Burghard ist inzwischen in Israel gelandet. Hat viele Menschen mit Behinderungen kennengelernt. LIFEGATE gegründet und aufgebaut (und sich dabei oft an Jonis Buch erinnert).

Jetzt arbeitet er tagtäglich für behinderte Menschen. Bei einem Einsatz in Jordanien versucht er, in einem Flüchtlingslager Menschen mit Behinderungen zu helfen. Zur gleichen Zeit wie Burghard und seine LIFEGATE-Mitarbeiter tut das auch eine Gruppe aus Amerika – einige Mitarbeiter der Organisation JONI AND FRIENDS.

Gegründet wurde dieses Hilfswerk eben von der Autorin des Buches, das Burghard als jungen Mann so beeindruckte. Bis heute leitet die aktive Frau das Werk. „Wheels for the world – Rollstühle für die Welt" ist eines ihrer wichtigsten Anliegen. Ihre Mitarbeiter bringen gebrauchte und reparierte Rollstühle, Prothesen und andere Hilfsmittel aus Amerika direkt dorthin, wo Menschen sie dringend brauchen, zum Beispiel eben in Flüchtlingslager in Jordanien. Oder in arme Siedlungen in Ägypten.

Als die Helfer aus Amerika Burghard und sein Team von Fachleuten kennenlernen und die Fachkompetenz erleben, bitten sie um Zusammenarbeit. LIFEGATE soll die gespendeten Rollstühle vor Ort jeweils auf den Menschen anpassen, dem sie Bewegung möglich machen. Burghard sagt begeistert zu.

Es bleibt nicht bei dieser ersten Zusammenarbeit. JONI AND FRIENDS lassen einen Film produzieren über David, einen jungen behinderten Palästinenser. Dieser Mann wurde unter anderem bei LIFEGATE ausgebildet. Heute steht er auf eigenen Beinen. Ein Filmteam von JONI AND FRIENDS dreht Davids Geschichte nach, kommt dazu für einige Szenen in die Räume von LIFEGATE in Beit Jala.

Ganz allmählich wächst die Zusammenarbeit zwischen LIFEGATE und letztlich Hilfswerk aus den USA. Gemeinsam verteilt man Rollstühle und verleiht behinderten Menschen damit

Mobilität – und letztlich mehr Selbstständigkeit und Lebensqualität.

Doch dabei soll es nicht bleiben: In einem gemeinsamen Projekt wollen beide Organisationen das Bewusstsein für behinderte Menschen in christlichen Gemeinden schärfen. Pastoren und Mitarbeiter sollen in einigen Gemeinden Räumlichkeiten, Wege, Programm so gestalten, dass auch behinderte Menschen Gottesdienste und andere Veranstaltungen besuchen können. Dieses Anliegen stellen Lifegate und Joni and Friends gemeinsam vor, zum Beispiel in einigen Gemeinden in Bethlehem.

„Wir werden diesen Menschen noch nachgehen und sie an das Anliegen erinnern", nimmt Burghard Schunkert sich vor. Und beeindruckt damit die amerikanischen Partner.

Am Ende ihres Besuches in Bethlehem erfährt er, dass sich die Helfer aus Amerika gerne noch die Altstadt Jerusalems ansehen würden. Burghard zögert nicht lange. Und stellt sich spontan als Taxifahrer zur Verfügung. Eine kleine Geste mit Konsequenzen.

Anfang 2018 erhält er eine Einladung in die USA. Absender: die Organisation Joni and Friends. Auf Amerika und die weite Reise dorthin ist Burghard eigentlich nicht besonders scharf. Aber die Hilfsorganisation mit demselben Anliegen möchte er doch näher kennenlernen. Und so nimmt er die Einladung an und fliegt gemeinsam mit seinem Sohn Mika in die USA.

„Weißt du eigentlich, warum du hier bist?", fragt ihn einer der Mitarbeiter, die er in Bethlehem kennengelernt hatte. Burghard schüttelt den Kopf. Und staunt über die Antwort: „Du hast uns am letzten Abend, den wir in Israel verbrachten, nach Jerusalem gebracht. Das haben wir dir nie vergessen!"

So kann Burghard eine große Konferenz von Pastoren besuchen und dabei seine Partner bei Joni and Friends besser kennenlernen. Gemeinsam mit ihnen besucht er auch eine Gemeinde in Los Angeles, die sich rührend um rund dreißig autistische Kinder kümmert, die zur Gemeinde gehören. Während etwa vierhundert Erwachsene Gottesdienst feiern, gestalten die Mitarbeiter ein attraktives Kinderprogramm. Damit die Kinder mit Autismus dem folgen können, hat die Gemeinde spezielle Materialien entwickelt. Sie stellt viele Mitarbeiter bereit, die sich rührend um jedes einzelne Kind kümmern. Und für den Fall, dass eins der autistischen Kinder sich zurückziehen möchte (was bei diesem Krankheitsbild oft vorkommt), stehen viele ruhige Ecken bereit. Burghard ist begeistert von der Art, wie liebevoll sich diese Gemeinde auf ihre „ganz besonderen" Kinder eingestellt hat.

Seine Begeisterung wächst noch, als er gegen Ende seines Besuches in Amerika die Frau kennenlernen kann, deren Buch ihn vor fast drei Jahrzenten so gefesselt hat: Joni Eareckson Tada.

Inzwischen ist sie berühmt. In vierzig Sprachen wurde ihr Buch übersetzt. Mehr als drei Millionen Exemplare wurden davon verkauft. Ihr Leben wurde verfilmt – mit ihr selbst in der Hauptrolle. Weltweit berät sie Kirchen und Organisationen. Rät ihnen, wie sie angemessen mit behinderten Menschen umgehen könnten.

Freundlich und bescheiden empfängt Joni Burghard und einige weitere Besucher in ihrem Büro. „Was für eine Ausstrahlung", denkt Burghard, als er die weltbekannte Frau in ihrem Rollstuhl begrüßt. Siebenundsechzig Jahre alt ist Joni inzwischen. Eine attraktive, gepflegte Frau. Eine echte Persönlichkeit.

Jonis Lächeln, ihre Präsenz, ihre liebevolle Art, mit Menschen zu sprechen – all das begeistert Burghard Schunkert.

„Joni ist unterwegs, um Menschen zu beschenken, das habe ich deutlich gespürt", erzählt er.

Im Gespräch spürt Burghard auch, dass Joni sich auf seinen Besuch sehr gut vorbereitet hat. Sie weiß, was er tut und wie

LIFEGATE mit JONI AND FRIENDS zusammenarbeitet. Sie erkundigt sich nach David – dem Palästinenser, dessen Leben bei LIFEGATE eine Wende erlebte.

Und sie öffnet sich ihren Besuchern auch sehr persönlich. Sie führt sie in ihr Atelier. Hier stehen Farben und Pinsel bereit. Eine Reihe ihrer letzten Bilder ist ausgestellt. Eines davon ist ein Selbstportrait, erinnert sich Burghard. Ein Bild, auf dem Joni etwas seltsam aussieht. Wirr. Regelrecht verzerrt. „Dieses Bild habe ich gemalt, nachdem mein lieber Vater gestorben war", erklärt die berühmte Frau. „Es zeigt etwas von den Spuren, die sein Tod bei mir hinterlassen hat. "

Burghard ist bewegt von Jonis Worten. Ihr sichereres Auftreten, ihre Verletzlichkeit, vor allem aber das große Vertrauen, das sie ihren Besuchern entgegenbringt, lassen ihn schier vergessen, dass sie im Rollstuhl sitzt und kaum ein Glied rühren kann. Eine profilierte Persönlichkeit, die ihr Schicksal in die Hand genommen und bewältigt hat – mit Gottes Hilfe und mit großem persönlichen Einsatz.

„Ich hätte nie zu träumen gewagt, dass ich diese Frau einmal persönlich begegnen würde", sagt er mir heute und strahlt dabei. „Sie ist eine Ermutigung für jeden Menschen, der sie trifft. Ich habe von ihr gelernt: Wenn Jesus in dir lebt, dann macht dich das zu einem lebendigen Menschen. Egal, ob du deine Hände und Füße gebrauchen kannst oder nicht. Joni hat Jesus in sich – und das macht sie zu einer Persönlichkeit mit einer wunderbaren Ausstrahlung."

Zum Abschied lässt Joni ihm ihr Buch überreichen. In arabischer Sprache. Und vor ihr persönlich mit dem Mund signiert. Für Burghard ein echter Schatz.

Ein paar Wochen nach dem Besuch in Amerika bekommt er Post aus Amerika, Post von Joni: Staunend liest er ihre Worte „Ich bin beeindruckt von der guten Arbeit, die LIFEGATE macht. Es ermutigt mich mitzubekommen, wie ihr euch darum bemüht, die Lebensumstände von behinderten Menschen in eurer Gegend zu verbessern. Falls mein Mann Ken und ich die Chance haben sollten, das Heilige Land zu besuchen, schauen wir sicher bei euch rein! ,Der Herr möge euch vergelten, was ihr Gutes getan habt, der Gott Israels möge euch reich beschenken' (Ruth 2,12)"

Nach diesen Worten kann Burghard Schunkert sich begründet Hoffnung darauf machen, Joni tatsächlich noch einmal wieder zu sehen. Gerne würde er sie durch Beit Jala und speziell durch das LIFEGATE-Zentrum führen.

Aber ob sie die Einladung tatsächlich annehmen kann?

„Weite Reisen ermüden sie sehr, sie muss dabei viele Schmerzen aushalten", weiß Burghard von ihren Mitarbeitern. Und so will er sich auch nicht zu früh auf einen Besuch freuen. Aber ein bisschen Hoffnung hat er schon. Zu gerne würde er Joni höchstpersönlich zeigen, was sie mit ihrem Buch angeregt hat.

Kapitel 6

Der Junge auf dem Rollbrett

Faheds Weg ins Leben, Szene 2
(Dezember 1994)

Unfassbar, der Kerl ist ein begnadeter Entertainer. Die LIFE-
GATE-Mitarbeiter jubeln begeistert. Ihre Weihnachtsfeier bietet den Rahmen für einen großen Auftritt. Fahed, etwa Mitte
zwanzig, hat sich für heute Abend einen grauen Bart umge-
bunden. In einem Sketch spielt er den ehrwürdigen „Scheich
Fahed", einen gesetzten älteren Herrn. Der zählt genüsslich
die Eigenarten und die Untaten der jungen Freiwilligen aus
Deutschland auf. Und weil er dabei ordentlich Witze reißt,
schüttelt sich das Publikum aus vor Lachen. Knecht Ruprecht,
Otto Waalkes und Dschucha Khalili (der typische arabische
Spaßvogel und Held vieler Geschichten) in einer Person. Einfach zum Brüllen.

Die LIFEGATE-Belegschaft hat mit einem starken Auftritt ge-
rechnet. Schließlich hat Fahed sich in den letzten Jahren immer mehr zum „Klassenclown", Spaßmacher und Showman
gemausert. Und ganz nebenbei haben die meisten deutschen

Mitarbeiter, die mitfeiern, bei Fahed Arabisch gelernt. Auf seine ganz eigene, sehr humorvolle Art und Weise hat er sie unterrichtet.

Eigentlich erstaunlich – ausgerechnet dieser Fahed. Der war doch anfangs so schüchtern. Als er vor ein paar Jahren vom Vater gegen seinen Willen bei LIFEGATE abgeliefert worden war, kriegte er kein Wort über die Lippen. Er schrie wie am Spieß. Fürchtete um sein Leben. Wollte auf keinen Fall bei den fremden Menschen bleiben, die seine Sprache kaum verstanden. Lange Zeit ließ sich kein vernünftiges Wort mit ihm wechseln.

Und jetzt reißt dieser Typ hier Witze. Ziemlich gute sogar. Gerne über die „Khalilis", die Typen aus Hebron (so eine Art „Ostfriesen" der palästinensischen Gesellschaft, über die man sich gerne lustig macht). Fahed selbst ist gar nicht so weit weg von Hebron geboren und aufgewachsen. Umso zielgenauer trifft sein Humor.

Kaum zu glauben, wie der junge Mann sich verändert hat! Manche Mitarbeiter erinnern sich noch genau an seine Ankunft. Wie Abu Fahed – der Vater – seinen schwerbehinderten Sohn einfach nur loshaben wollte. Wie Burghard Schunkert sich das nicht bieten ließ, sondern lange mit den Eltern sprach. Wie er dabei vor allem die Mutter – Imm Fahed – überzeugen und als Mitstreiterin gewinnen konnte.

Schon als der Vater seinen Sohn Fahed einfach per Rollbrett abschieben wollte, hatte Burghard Schunkert protestiert.

„Jeder Vater muss sich um sein Kind kümmern", hatte Burghard dem Vater eingebläut. „Du hast Verantwortung für diesen Jungen. Wir sind bereit, dich bei dieser Verantwortung zu unterstützen, aber er bleibt *dein Sohn!*"

Während der weiteren Gespräche erfährt Burghard: Faheds Eltern sind arm. Sie leben mit ihren Kindern im Dorf Beit

Aua bei Hebron. Nur die zwei Töchter sind gesund. Alle fünf Söhne haben die gleiche Erbkrankheit – ihr Körper baut die eigenen Muskeln ab. Die Jungs liegen oder kriechen zu Hause auf dem Boden herum, weil sie nicht einmal die Kraft zum Sitzen haben.

Die Mutter ist eine tapfere Frau, die wie eine Löwin für ihre behinderten Söhne kämpft. Und sie hat es nicht leicht: In den Augen der rückständigen Dorfbevölkerung ist es eine Schande, solche Kinder geboren zu haben. Doch Imm Fahed kümmert sich nicht um das Geschwätz. So gut sie kann, betreut, versorgt und pflegt sie ihre schwerkranken Kinder. Bis an die Grenze ihrer Leistungsfähigkeit.

Der Vater kämpft als Tagelöhner mit aller Kraft darum, die Familie zu ernähren. Doch irgendwann kann er nicht mehr. Es reicht einfach nicht. Und so ist er mit einem seiner Söhne auf dem Rollbrett aus der Gegend von Hebron nach Beit Jala gekommen. Ratlos. Verzweifelt. Will einen nutzlosen Esser abschieben.

Schwierige Fälle sind bei LIFEGATE an der Tagesordnung. Aber eine so hoffnungslos wirkende Situation wie die von Fahed ist selten. Nach intensiven Gesprächen und Vereinbarungen mit den Eltern darf Fahed, der Junge auf dem Rollbrett, ins Heim in Beit Jala ziehen. Doch damit nicht genug: Burghard Schunkert sorgt dafür, dass Sozialarbeiter und Therapeuten regelmäßig zu Faheds Familie fahren und sich dort um seine Geschwister kümmern. Vater Abu Fahed bekommt ab und zu kleine Aufträge, damit er Geld verdienen und seine Familie durchbringen kann.

Für Fahed beginnt ein vollkommen neuer Lebensabschnitt. Als er spürt, wie man sich um ihn bemüht, verliert er die Angst. Fasst allmählich Vertrauen. Fängt an, von sich zu erzählen. Wie er zu Hause wegen seiner Krankheit nur im Haus herumkrabbeln konnte. Wie er sich über den Boden schleppen musste, wenn er mal einen Freund besuchen wollte. Wie seine Eltern ihn ins Krankenhaus brachten, wo er mehrere schmerzhafte Operationen zu durchleiden hatte. Nur um dann am Ende zu erfahren: Die Ärzte haben gepfuscht. Die letzte Kraft ist aus seinen Beinen verschwunden. Jetzt kann er sie gar nicht mehr bewegen.

Fahed bekommt in Beit Jala Aufmerksamkeit und Unterstützung, wie er sie in seinem ganzen bisherigen Leben noch nie erfahren hat. Vor allem tankt er in der neuen Umgebung Selbstvertrauen. Und fängt an, sein Leben in die Hand zu nehmen. Er lernt, sich allein zu waschen. Sich zu duschen. Sich zu rasieren. Ein normales Leben zu führen wie andere Menschen auch. Nicht mehr auf dem Rollbrett. Sondern bald im Rollstuhl.

Aus dem Jugendlichen, der kaum ein Wort herausbringt, wird so immer mehr ein junger Mann, der eifrig lernt und vorankommt.

„Ich könnte doch lernen, wie man Schuhe repariert", schlägt er Burghard Schunkert eines Tages vor. Burghard bezweifelt, ob Fahed genug Kraft für diesen Handwerksberuf hat. Doch er findet einen erfahrenen Schuhmacher, der Fahed unter seine Fittiche nimmt.

Fahed trainiert eisern. Wenn sein rechter Arm nach einigen Stunden den Schusterhammer kaum noch halten kann, nimmt er die linke Hand zur Hilfe. Mit der führt er die rechte Hand und gibt dem Hammer so Schwung. So lange, bis jeder Nagel sitzt, wo er sitzen soll. Beeindruckend, auch für seine Kundschaft. Jeder spürt: Dieser Mann holt alles aus sich heraus. Und liefert so sehr gute Arbeit ab.

Ganz nebenbei wächst der verängstigte, schweigsame Junge zu einem fröhlichen jungen Mann voller sprühender Le-

bensfreude heran. Zu einem, der die anderen gerne zum Lachen bringt. Und der heute Abend bei der Weihnachtsfeier als
„Scheich Fahed" glänzt.

Kapitel 7

Harter Start im Heiligen Land

Burghard Schunkerts ganz persönliche
Versöhnungsgeschichte (Israel 1983)

Wie könnte ich noch einen Zusatzjob ergattern? Wo könnte ich Geld für mich und meine Familie zusammenkriegen? Fragen, die Burghard Schunkert quälen. Er kämpft. Rackert. Schuftet. Den Start ins Leben im angeblich so „Heiligen" Land hat sich der junge Familienvater etwas angenehmer vorgestellt.

Gelandet war er zunächst in einem Kibbuz bei Haifa, „Ma'ayan Tzvi", auf dem Karmel-Gebirge. Ein anstrengendes halbes Jahr lang paukt er im sogenannten „Ulpan" Sprache, Kultur und Landeskunde Israels. Eine intensive Vorbereitung auf das Land, auf das er sich eingelassen hat. Der Ulpan soll allen Neueinwanderern helfen, sich in Israel zurechtzufinden.

Nebenher jobbt Burghard. Angeleitet von einem Kibbuz-Elektriker und einem Installateur. Beide nehmen den jungen Mann aus Deutschland Tag für Tag mit zu ihren Aufgaben. Zeigen ihm, wie man Steckdosen montiert, Leitungen zieht, Rohre verschraubt, verstopfte Leitungen wieder freibekommt. Burghard schaut genau hin und versucht, möglichst schnell alle Handgriffe zu lernen. Mit dem Mut der Verzweiflung holt er in wenigen Monaten nach, was er in seinem bisherigen Leben nicht lernen konnte.

Als Burghard mir diesen Teil seiner Geschichte erzählt, wirkt er sehr nachdenklich. Eine Spur von Traurigkeit legt sich als Schatten über sein Gesicht: „Mein Vater war ein praktisch veranlagter Mensch. Handwerklich konnte der alles. Mir aber, seinem Ältesten, hat er nicht das Geringste zugetraut. Im Gegenteil. Jahrelang musste ich mir blöde Sprüche anhören: ‚Du hast zwei linke Hände, du kriegst nichts zustande.' Meine Eltern haben das so oft gesagt, dass ich es irgendwann selbst geglaubt habe. Doch dann waren da im Kibbuz diese beiden Handwerker, die mir eine Chance gaben. Sie zeigten mir alles. Und schon nach wenigen Wochen trauten sie mir zu, die Aufgaben selbst zu erledigen. So konnte ich mich ziemlich schnell freischwimmen. Morgens gaben sie mir eine Liste mit Aufträgen. Und ich klapperte dann allein die Häuser ab. Und brachte dort alles in Ordnung, was repariert werden musste!"

Ende zwanzig ist Burghard inzwischen. Er lebt und arbeitet weit weg vom Elternhaus im hessischen Gießen. Mit seinen beiden ursprünglich erlernten Berufen kann er hier nichts anfangen. Industriekaufmann hat er nach der Mittleren Reife gelernt, bei einer großen Baufirma in seiner Heimatstadt. Direkt nach dieser Ausbildung und Zivildienst hat er die sogenannte „Sekretärsschule" des CVJM in Kassel besucht. Heute eine private Hochschule, die theologische, pädagogische, soziologische und sozialdiakonische Kompetenzen vermittelt. Damals eine Ausbildungsstätte, die angehende Jugendreferenten vorbereitete auf eine Aufgabe in Kirchengemeinden, CVJMs oder offener Jugendarbeit.

Eigentlich erstaunlich, dass der junge Burghard einen Beruf in einer christlich geprägten Arbeit mit jungen Menschen anstrebt. Seine Eltern haben mit Religion und Kirche ziemlich wenig zu tun. Nur einer seiner beiden jüngeren Brüder besucht den CVJM (den „Christlichen Verein junger Menschen") und schleppt Burghard eines Tages dorthin mit. Diese Einladung soll Burghards Lebensweg prägen: Im CVJM entdeckt er sein Interesse am Glauben. Trifft die klare Entscheidung, mit Jesus Christus leben und in seinem Sinne zu handeln. Und entscheidet sich, das als CVJM-Sekretär zu tun.

Nach einigen Lehrjahren in Kassel landet Burghard wieder in seiner Heimatstadt Gießen. Der CVJM sucht hier einen Mitarbeiter für einen ganz speziellen Auftrag: Im Norden der Stadt soll er sich um junge Leute kümmern – in einem sozialen Brennpunkt. Um Jugendliche mit ausländischen Wurzeln und aus sozial schwachen Familien. Um Jugendliche ohne Chancen. Mit viel Engagement baut Burghard für sie eine Hausaufgabenhilfe auf. Gründet einen Jugendclub. Richtet gemeinsam mit den Jugendlichen einen alten Bauwagen her und zieht damit durch die Gegend.

In dieser Aufgabe geht er ganz auf. Vielleicht zu sehr.

An der deutschen Bürokratie verzweifelt er nicht selten. Ganz besonders da, wo Burghard für manchen seiner jungen Schützlinge den fast vorhersehbaren Teufelskreis durchbrechen möchte: keine Familie, keine Ausbildung, keine Arbeit – ab in die Kriminalität. Und dadurch noch weniger Rückhalt in Familie oder anderen Beziehungen.

Solche gefährdeten Jugendlichen lädt er zu einem gemeinsamen Frühstück ein. Jeder bringt etwas zu essen mit. Burghard hält eine kurze Andacht. Versucht dabei, den jungen Leuten behutsam einige Wahrheiten aus der Bibel zu vermitteln: dass jeder Mensch wertvoll ist. Wie Leben gelingen kann. Dann überlegt er mit ihnen gemeinsam, was man mit dem restlichen Tag anfangen könnte. Wie man etwas Sinnvolles tun und dabei noch ein paar Groschen verdienen könnte.

Gemeinsam repariert man alte Fahrräder. Restauriert und verkauft Möbel. Erledigt Gartenarbeiten für ältere Menschen. Eine Nachbarschaftshilfe innerhalb der Kirchengemeinde, für die die beteiligten Jugendlichen ein bisschen Geld bekommen. Vor allem aber erleben sie, wie schön es ist, etwas Vernünftiges zu tun und dafür auch gelobt zu werden.

„Doch das Arbeitsamt machte uns einen Strich durch die Rechnung", schimpft Burghard heute. „Als die Sachbearbeiter unsere Arbeit spitz kriegten, bestellten sie mich zu sich. Sie warfen mir vor, ich hätte mich in ihre Aufgaben eingemischt, ich hätte jungen Leuten Arbeit vermittelt. Wenn das nicht sofort aufhöre, müssten sie diesen Jugendlichen das Arbeitslosengeld streichen."

Burghard schüttelt den Kopf und beschreibt den Versuch, Beamtenseelen durch Argumente zu erreichen:

„Ich hab denen gesagt: 'Diese Jugendlichen haben doch keinerlei Chance auf dem Arbeitsmarkt, die haben von morgens bis abends nicht zu tun, die hängen nur rum. Da ist doch die Gefahr groß, dass sie wieder Mist bauen und straffällig werden'". Er versucht zu erklären, sucht Verständnis für seine Hilfsmaßnahmen. Vergeblich.

Die offizielle Antwort erschüttert Burghard: „Wir wissen das alles. Aber so sind die Gesetze in Deutschland. Arbeitslosengeld gibt's, weil man *nichts* arbeitet."

An diese Erfahrung erinnert sich Burghard ein paar Jahre später in Israel. Er empfindet: Hier gelten andere Gesetze. Hier werden nicht erst lange Akten gewälzt oder Bedenken diskutiert. Hier wird zugepackt. Hier haben Menschen wie er die Chance, etwas zu bewegen.

„Wenn du hier eine Not siehst, kannst du zupacken und versuchen, sie zu ändern. Es kommt nicht gleich jemand, der dich stoppt und behauptet: ‚Das haben wir hier noch nie gemacht. Das geht hier nicht. Wo kämen wir denn da hin.‘"

Schon im Kibbuz erlebt Burghard das. Der Elektriker und der Installateur vertrauen ihm, zeigen ihm ein paar Kniffe, lernen ihn an – und lassen ihn dann selbstständig arbeiten. Einfach so. Burghard erinnert sich an die unheilvollen Sätze zu Hause in Gießen, an die verletzenden Sprüche über seine zwei angeblich „linken Hände".

Ihm wird klar: Diese Sprüche waren Lügen. Schlimme Lügen. Lügen, von denen er sich freimachen muss. „Ich musste diese Lügen erst einmal entlarven und dann regelrecht wegschicken", berichtet er in der Rückschau. „Ich konnte das nur mit der Hilfe Jesu tun. Er half mir, diese blöden Sprüche abzuschütteln und mir etwas zuzutrauen. Und auch den Menschen zu vergeben, die mir das Leben mit diesen Sätzen so schwer gemacht hatten!"

Burghards Selbstbewusstsein wächst nach diesen Erfahrungen. Er traut sich etwas zu. Aber er braucht das neu gewonnene Selbstvertrauen auch ganz dringend. Denn niemand hier in Israel hat auf ihn gewartet. Niemand rollt ihm einen roten Teppich aus. Er muss sich Stück für Stück hineinkämpfen in die Gesellschaft, muss Schrittchen für Schrittchen Boden gewinnen. Für sich. Und für seine junge Frau. Und die gemeinsame Tochter.

Ein paar Jahre zuvor hat Burghard bei einer Reise nach Israel eine junge Frau kennengelernt: Tmira. Beide verlieben sich ineinander. Bald spürt Burghard: Das ist kein kurzer Flirt. Denn Tmira kommt nach Deutschland, will in seiner Nähe leben.

Ein Jahr später heiraten sie, gründen Familie. Ausgerechnet jetzt, wo er ganz und gar in seiner Arbeit aufgeht. Ausgerechnet in der Phase, in der er sich mit Feuereifer in seine Aufgaben als CVJM-Sekretär hineinstürzt. Ausgerechnet in der Zeit, in der Burghard Tag und Nacht für seine Jugendlichen im sozialen Brennpunkt da sein möchte.

Die junge Ehe kriselt. Kurz vor dem absehbaren Aus treffen Burghard und Tmira eine verzweifelte Entscheidung: Sie versuchen einen Neuanfang. Weit weg von Gießen. In Israel, wo sie sich kennengelernt hatten.

Und so sind alle drei – Vater, Mutter, Töchterchen Rebecca – hier gelandet. Und ziehen in den Kibbuz „Hasolelim". Der Name dieser landwirtschaftlichen Siedlung nördlich von Nazareth ist Programm: die Brückenbauer. Brücken hinein nach Israel wollten die Gründer dieses Kibbuz' bauen. Kurz nach dem Ende des Zweiten Weltkrieges sollte diese sozialistisch geführte landwirtschaftliche Siedlung möglichst vielen Juden, die den Holocaust überlebt hatten, den Weg nach Israel möglich machen.

Rund vierzig Jahre nach der Gründung kommt Burghard mit seiner Familie in dem Dorf an. Packt mit an. Freundet sich zunächst mit den Grundgedanken der Kibbuz-Bewegung an: Alles gehört allen gemeinsam. Jeder bringt seine Arbeitskraft ein. Niemand muss sich Gedanken um Geld machen. So wird der Kibbuz aufgebaut und gibt seinen Bewohnern all das, was sie zum Leben brauchen.

Eine wunderbare Idee, findet Burghard, und setzt sich entsprechend ein. Doch bald bekommt dieses Idealbild Brüche. Er stellt fest, wie viele der Kibbuz-Bewohner kaum oder gar nicht anpacken. Wie Faulheit nicht bestraft wird. Wie viele einfach stillschweigend andere für sich arbeiten lassen.

„Manche haben dieses System einfach ganz brutal für sich ausgenutzt", kommentiert Burghard später. „Das System scheitert am Egoismus des Menschen. Inzwischen arbeiten die wenigsten der Kibbuz-Dörfer in Israel noch nach den alten Prinzipien. Die Kibbuz-Idee ist weitgehend gescheitert. So wie der Sozialismus insgesamt ja auch gescheitert ist."

Die junge Familie Schunkert zieht weiter. Eisern versucht Burghard, seine Familie über Wasser zu halten. Doch einen ausgebildeten CVJM-Sekretär aus Deutschland mit sozialer Kompetenz braucht hier niemand. So nimmt Burghard die unterschiedlichsten Jobs an, um sich durchzuschlagen. Er bedient die Gäste eines Theaterrestaurants. Er hilft bei einem Schreiner aus. Zwei, manchmal drei Jobs nimmt er parallel an und schuftet.

Eine schwere Zeit. Aber auch eine, in der Burghard sehr viel lernt, was er später (als er LIFEGATE leitet) sehr gut gebrauchen kann.

„Für jeden neuen Job musste ich dazulernen. Ich wurde herausgefordert. Ich habe begriffen: Wenn der Mensch muss, dann kann er. Israel ist für mich ein großes Experimentierfeld. Hier habe ich jede Menge Chancen bekommen. Die letzte und größte solcher Chancen, auch für mich, war und ist LIFEGATE."

Doch bis dahin müssen noch ein paar Jahre ins Land gehen.

Burghards Nachbar in Jerusalem, Georg Rösler, Deutscher wie er, beginnt, Burghard für eine neue Branche zu interessieren: den Tourismus, der in Israel gerade eine Blüte erlebt. Lange redet Georg auf Burghard ein. Dann beginnen die beiden gemeinsam eine Ausbildung zum staatlich geprüften Reiseleiter.

Der Staat Israel stellt an seine „Guides" hohe Anforderungen. Zwei Jahre lang müssen Burghard und sein Freund Georg studieren und büffeln. Über siebzig Fahrten ins Land hinaus gehören zur Ausbildung.

„Wir sind in jedes Loch hineingekrochen, das wir gefunden haben", erinnert sich Burghard. „Wir haben alles angeschaut und untersucht." Diese Zeit vertieft Burghards Beziehung zum Land und seinen Leuten. Er durchwandert, durchstreift, durchfährt Israel. Und lernt es immer mehr lieben.

Erste Beziehungen zum Land Israel knüpfte Burghard schon viel früher. Während seiner Zeit in der Sekretärsschule ist er nach intensiver Vorbereitung zum ersten Mal ins Heilige Land gereist.

Die Vielfalt des Landes und seiner Bewohner fasziniert ihn von Anfang an. Die vielen Farben, und die vielen Kulturen, die hier aufeinandertreffen. „Israel ist ein Schmelztiegel von Menschen aus der ganzen Welt", schwärmt er. „Ich fühle mich bis heute unheimlich bereichert durch Begegnungen mit Menschen aus allen Nationen und mit allen Hautfarben. Mit Christen, mit Juden, mit Muslimen, mit Arabern. Nur hier in Israel kann ich all diesen Menschen auf kleinstem Raum begegnen."

Georg, inzwischen Teilhaber eines israelischen Reisebüros, bietet Burghard eine spannende Aufgabe an: die Leitung der deutschen Abteilung eben dieses Reisebüros. Burghard sagt zu. Und ist von nun an verantwortlich für Reisen deutscher Touristen durch Israel, den Sinai, bis nach Ägypten. Oft ist er selbst mit den Gruppen unterwegs. Vertieft seine Kenntnisse über Land und Leute. Lernt in Kairo die arabische Mentalität immer besser kennen. Eine wertvolle Vorbereitung auf die nächste Lebensaufgabe, von der er bisher nicht einmal etwas ahnt.

Burghards persönliche Zwischenbilanz nach vier Jahren in Israel: Beruflich ist er angekommen. Hat Boden unter den Füßen. Ist begeistert von der Gegend der Welt, die er sich als Zuhause ausgesucht hat. Persönlich aber ist er gescheitert. Der Neuanfang mit Tmira hat nicht das gewünschte Ergebnis gebracht. Die Ehe ist zerbrochen.

Wieder wird Burghard nachdenklich, als er mir davon erzählt: „Das Leben hat mich gezeichnet", murmelt er. „Ich bin sehr bescheiden geworden."

Doch auch eine andere Erfahrung gehört zu diesen schwierigen Lebensjahren: das neue Selbstbewusstsein. „Wenn ich als Elektriker oder Installateur gearbeitet habe, habe ich mich oft bei einem Gedanken ertappt: ‚Was würde mein Vater sagen, wenn er mich jetzt hier so sehen würde?' Aber das hat mich nicht mehr gelähmt, im Gegenteil. In der ersten Zeit im Kibbuz habe ich viel gelernt. Heute kann ich mit einem gewissen Stolz sagen: ‚Ich kann alles reparieren, was mit Wasser zu tun hat. Und alles, was mit Strom zu tun hat.'"

Und noch etwas wird mit der Zeit „repariert" – die gestörte Beziehung zum Vater. „Als mein Vater noch lebte, haben er und meine Mutter mich ein paarmal in Israel besucht. Sie haben sich für das interessiert, was ich mache. Ich glaube, es hat ihnen auch imponiert, was ich inzwischen handwerklich draufhatte, und sie haben gespürt, dass sie mir Unrecht getan hatten.

Irgendwann hat sich mein Vater bei mir dafür entschuldigt, dass er so schlecht von meinen Gaben und Fähigkeiten gesprochen hatte. Dadurch ist eine Wunde in mir geheilt worden. Meine Eltern sind dann zum lebendigen Glauben an Jesus gekommen und meine besten Freunde geworden."

Kapitel 8

Friedensgipfel auf der Intensivstation

Wo Menschen einfach Menschen sind
und auch so behandelt werden

„Frieden kannst du in Israel am besten im Krankenhaus beginnen!"

Dieser Satz von Burghard Schunkert trifft mich wie ein Blitz. Burghard bemerkt mein Erstaunen und beginnt zu erklären: „Zum Beispiel auf der Intensivstation. Da warten die Angehörigen darauf, dass ihre Kinder, Eltern, Verwandten nach einer schwierigen Operation wieder zu sich kommen. Da sitzt dann der jüdisch-orthodoxe Vater und bangt um das Leben seiner Tochter. Neben ihm die palästinensische Frau mit dem Kopftuch, die hofft, dass ihr Mann die OP übersteht. Der Siedler neben dem arabischen Studenten, der Einwanderer aus Russland neben dem philippinischen Gastarbeiter. Politische Konflikte gibt es an diesem Ort nicht. Hier sind Menschen einfach Menschen. Menschen voller Sorgen, voller Traurigkeit, voller Sehnsucht und voller Hoffnung. Hier ist ein Stück Frieden."

Ein für mich vollkommen neuer Gedanke. Krankenhäuser als Friedenscamps? Ärzte als Friedensapostel?

Ich will mehr erfahren. Und bin froh, dass Burghard mich mit zwei Ärzten bekannt macht, die in seinen Augen echte „Friedensarbeiter" sind.

Dr. Kinan Joseph zum Beispiel, ein schlanker Gentleman Ende sechzig, Anfang siebzig. Schlohweißes Haar, wache Augen, leicht asiatische Gesichtszüge. Als Jude geboren und aufgewachsen in Indien. Vor knapp vier Jahrzehnten ganz bewusst zurückgekehrt in das Land seiner Vorfahren.

Der Experte für orthopädische Chirurgie erlebt damals eine extrem harte Landung in seiner neuen Heimat.

In einem Krankenhaus in der Stadt Safed, im Norden Israels, muss er im Akkord operieren. Einige Monate zuvor haben hier in der Gegend Kämpfer von Jassir Arafats PLO, der „Palästinensischen Befreiungsorganisation", gemeinsam mit syrischen Truppen gegen die israelische Armee und befreundete Milizen gekämpft. Ein blutiger Krieg mit wahrscheinlich Tausenden von Toten und unzähligen Verletzten.

Etliche dieser Verletzten liegen in dem Krankenhaus, in dem der frisch eingewanderte Chirurg arbeitet. Und so hat er im wahrsten Sinne des Wortes alle Hände voll zu tun. Um Leben zu retten, operiert er ohne Pause. Vollkommen egal, ob sein jeweiliger Patient israelischer Soldat ist, Zivilist oder palästinensischer „Freiheitskämpfer".

Menschen sind Menschen. Patienten sind Patienten – dieses Credo lebt Dr. Joseph. Und es gilt für ihn auch noch, als er einige Jahre später aus der Provinz nach Jerusalem umzieht. Und dort in der auf Rehabilitation spezialisierten ALYN-Klinik Verantwortung übernimmt.

Schon in Indien hat Dr. Joseph viel Erfahrung gesammelt im Umgang mit behinderten Menschen. Die richtige Operation, gerade auch bei komplizierten Fällen von Menschen mit mehreren Behinderungen. Und die genau angemessene Form der Rehabilitation, der Therapien. All das wird zu seinem Spezialgebiet.

Und so stürzt er sich mit viel Erfahrung im Hintergrund und einer hohen Motivation auf die neue Aufgabe. Auch in Jerusalem bekommt der jüdische Neu-Israeli keineswegs nur „Landsleute" im engeren Sinne als Patienten präsentiert. Und er behandelt sie alle gleich, wie es seine Pflicht als Arzt ist.

Für Dr. Joseph steht fest: Menschen sind Menschen. Deshalb leidet er darunter, dass nicht jeder Mensch in seinem Heimatland die gleiche medizinische Hilfe erfährt: Während israelische Staatsbürger (jüdische wie arabische) ein gutes Gesundheitssystem auf hohem Standard genießen können, müssen Palästinenser aus dem Westjordanland oder aus dem Gaza-Streifen in überfüllten Krankenhäusern Hilfe suchen. Schlecht ausgestattet. Von schlecht bezahltem und entsprechend wenig motiviertem Personal geführt. Eine ungerechte Zwei-Klassen-Gesellschaft, die Dr. Joseph nicht hinnehmen will.

Und so ist er regelrecht dankbar, als eines Tages Burghard Schunkert auf ihn zukommt. Ihn um Hilfe bittet. Ihn fragt, ob er sich nicht auch mal junge Patienten aus Beit Jala, Hebron und anderen Orten ansehen könne.

„Burghard Schunkert ist für unsere Gesellschaft ein Engel", lacht Dr. Joseph, als er sich daran erinnert. Wir sitzen zusammen in seinem gemütlichen Wohnzimmer in einem Innenstadtviertel von Jerusalem. Um uns herum Bücher, Zeitungen, Kunst.

„Für mich war es fantastisch, als Burghard mit seinen LIFE-

GATE-Kindern zu mir kam. So bekam ich die Möglichkeit, meine Kenntnisse anzuwenden und noch dazuzulernen."

Dabei verschweigt der bescheidene Mediziner, dass ihn dieser Kontakt über die Jahrzehnte eine Menge Kraft und Zeit gekostet hat. Dass er unendlich viel investiert hat. Dass er weit über seinen Dienstauftrag im Krankenhaus hinaus geholfen und geheilt hat. Hunderte von LIFEGATE-Kindern und -Jugendlichen mit den unterschiedlichsten körperlichen Behinderungen hat er genau untersucht. Viele von ihnen operiert. Den meisten von ihnen hat er eine sehr viel höhere Lebensqualität ermöglicht, ja ein komplett neues, selbstständiges Leben.

Menschen wie Linda: Füße und Rücken so verwachsen, dass sie nicht sitzen konnte, nicht stehen, nicht gehen. Die Begegnung mit Dr. Joseph veränderte Lindas Leben. Zehn Operationen insgesamt waren nötig. Eine lange Zeit voller Schmerzen für sie. Heute aber – davon habe ich mich selbst überzeugt – kann Linda in einem Rollstuhl sitzen. Und ist einfach nur froh darüber. Und darüber, nun mit ihren Händen ihr eigenes Geld zu verdienen.

Motivieren ihn Erfolgsgeschichten wie die von Linda, frage ich Dr. Joseph. Er lächelt verlegen. Mag das Wort „Erfolg" offensichtlich nicht.

„Ich freue mich, dass die Operation gut verlaufen ist. Gut zu hören. Manche halten uns Chirurgen ja für Schreiner oder Klempner, aber wir freuen uns, wenn wir Menschen auf die Beine helfen können. Das liegt dann aber nicht nur an der Operation, da müssen auch die Physiotherapeuten mithelfen und viele andere Experten. Und natürlich auch der Patient selbst!"

Möglichst behutsam formuliere ich meine nächste Frage: Macht es ihm nichts aus, palästinensische Kinder und Jugendliche zu behandeln, die doch eigentlich für ihn zum Lager der Feinde zählen?

Dr. Joseph antwortet nicht gleich. Nach zwei, drei Atemzügen gesteht er ein, dass es ihn ärgerlich, ja wütend macht, wenn er palästinensische Landkarten sieht und darauf entdeckt, dass dort bis heute kein Staat Israel eingezeichnet ist. Für einen Moment lang spüre ich Zorn, als er von den Terrorangriffen berichtet. Von Bombenattentaten und Messerangriffen auf unschuldige Menschen. Von den gefährlichen brennenden Drachen, die vom Gazastreifen aus landwirtschaftliche Flächen und Naturschutzgebiete in Israel in Brand stecken.

Dr. Joseph beschönigt nichts. Aber dann atmet er tief durch und sagt mit allem Nachdruck: „Wir hassen die Palästinenser nicht!"

Nachdenklich ergänzt er: „Mit dem Frieden ist das eine schwierige Angelegenheit. Wenn wir Israelis unsere Waffen niederlegen würden, würde Israel schnell tatsächlich von der Landkarte verschwinden. Wenn aber unsere arabischen Nachbarn ihre Waffen niederlegen würden, dann wäre Frieden möglich."

Doch in Sachen Frieden gibt es auf höchster politischer Ebene seit Jahren keine Fortschritte mehr. Umso größeres Gewicht haben eben die kleinen Schritte zum Frieden. Und darum hat Dr. Joseph schon vor Jahren auch andere Kollegen dafür begeistert, die Arbeit von LIFEGATE mit Sachkenntnis und Herz zu unterstützen. Dr. Ehud Lebel zum Beispiel, den ich in einem Krankenhaus kennenlerne.

Ich stutze, als ich den Namen seiner Klinik höre: SCHA'AREE ZEDEK, „Pforten der Gerechtigkeit". Von der Bedeutung her gar nicht so weit weg von dem „Tor zum Leben", LIFEGATE.

Ein Name als Programm eines Krankenhauses. Klingt für meine Ohren fast zu schön, um wahr zu sein. Aber tatsächlich – als wir durch die Flure dieser Klinik spazieren, dann ein paar Stockwerke hoch zur Cafeteria, fällt es mir sofort auf: Hier ist ein echter Querschnitt der Bevölkerung Israels versammelt:

In der Lobby feiern einige junge jüdische Thora-Studenten das Lichterfest Chanukka und bieten zur Feier des Tages in Öl gebackene Krapfen an. Ein paar modern gekleidete arabische junge Frauen postieren sich direkt gegenüber zu einem Selfie. In der Sitzecke ein paar Meter weiter sitzt eine eher traditionell geprägte arabische Großfamilie vom Land gemeinsam mit einem Patienten um einen Tisch. Etwas später werde ich erfahren: Vor ein paar Jahren hätte ich auf diesem Flur auch Burghard Schunkert und seine Frau Ute mit einem frischgeschlüpften Baby auf dem Arm treffen können. Denn genau hier in diesem Krankenhaus sind ihre Kinder Sofie und Mika geboren.

Auf dem Weg zu unserem Gesprächspartner gehen mir viele Stichworte und viele Fragen durch den Kopf: Gerechtigkeit? Frieden? Versöhnung? In diesem Land, in dem die jüdische und die arabische Bevölkerung im Dauerkonflikt miteinander sind? In dem es vorkommen kann, dass eine israelische Mutter ihrem Kind droht: „Wenn du nicht artig bist, holt dich der Araber!"? Und umgekehrt arabische Mütter ihre Kinder mit dem Zerrbild des israelischen Soldaten einschüchtern? – Wie sollten „Gerechtigkeit" und „Versöhnung" möglich sein unter solchen Vorzeichen?

In der Cafeteria der Klinik erwartet uns der Mann, dem ich manche dieser Fragen stellen möchte. Nach einer kurzen Begrüßung lotst er uns raus auf die Terrasse, wo wir unter dem dunklen Jerusalemer Dezemberhimmel ein Gespräch führen, nur unterbrochen durch Straßenlärm und gelegentliche Martinshörner. Ein Gespräch über etwas, das dieser außergewöhnliche Mann immer wieder als „total normal" und „ganz selbstverständlich" beschreibt. Das hier in Israel aber – so scheint mir – eine kleine Sensation ist.

Ich erfahre: Jeder kennt Dr. Lebel nur unter seinem Spitznamen „Udi". Eigentlich trug seine Familie mal den Nachnamen Löbel, verrät er mir mit einem verschmitzten Lächeln – ein Ö aber könne hier in Israel niemand aussprechen. Woher Familie Löbel-Lebel stammt, will ich wissen.

Udi lächelt vielsagend. Er selbst sei in Israel geboren (ich schätze vor etwa fünfzig Jahren), seine Familie stamme wohl aus Galizien oder aus dem Sudetenland.

„Du weißt ja: Wir Juden sind weit herumgekommen." Wieder lächelt er bei seiner Antwort. Und trägt noch nach, dass er vor zwei Jahren erst in Stuttgart einen Onkel beerdigt habe, der im reifen Alter von 101 Jahren verstarb.

Um Leben und Tod geht es oft im beruflichen Alltag von Dr. Lebel. Vor allem aber darum, wie das Leben von Menschen verbessert werden könnte, die mit einer Behinderung auf die Welt gekommen sind.

Er leitet die orthopädische Kinderstation in dem Krankenhaus mit dem klangvollen Namen. Tag für Tag untersucht, operiert, betreut er Kinder, die mit einem Handicap zur Welt gekommen sind. Jüdische Kinder. Kinder aus arabischen Familien mit israelischem Pass. Oder eben solchen aus dem Westjordanland. Wie die, die LIFEGATE-Mitarbeiter vorbeibringen. Udi Lebel zuckt mit den Achseln. Nichts dabei, ein ganz normaler Vorgang, will er wohl sagen.

„Für mich gibt's keine jüdischen oder arabischen Patienten", sagt Udi und lacht: „Ich sehe da nur Kinder vor mir."

Dr. Udi Lebel lächelt weiter und erzählt. Dass er schon als junger Mann bewusst arabisch sprach, um sich mit möglichst vielen Mitmenschen verständigen zu können („Nicht ganz leicht, in diesem Land die Sprache des Feindes zu lernen", kommentiert er seine Entscheidung von damals).

Erzählt auf Nachfrage, dass er sich bei der Organisation „Ärzte für Menschenrechte" eingesetzt und bei verschiedenen Einsätzen im Westjordanland mitgeholfen habe. Und dass er seit inzwischen zehn oder vielleicht fünfzehn Jahren auch für die Kinder von Lifegate da sei. Ganz selbstverständlich.

Wenn ich diesem unaufgeregten, kompetenten Mediziner zuhöre, bekomme ich eine ganz neue Sicht auf Israel. Er weist meinen Blick auf eine Wirklichkeit seines Heimatlandes, die ich in den Nachrichten nicht kennenlerne. In seiner Abteilung im Krankenhaus arbeiten etwa zwei Drittel jüdische und ein Drittel arabische Israelis. Normalität.

„Von außen denkt ihr vielleicht, dass wir hier nur in dauernden Konflikten leben, aber für uns ist ein Miteinander aller Bevölkerungsgruppen vollkommen normal." Sagt Udi Lebel und lächelt entspannt.

Will er mir ausweichen? Ich gehe ihn ganz direkt an: Ob er denn keine Rachegedanken hege, wenn wieder einmal ein palästinensischer Terrorist unschuldige israelische Opfer umgebracht hat, will ich wissen.

„Nein, so sehr ich die Gewalt auch ablehne", beteuert Udi.

„Weißt du, manchmal flicken wir hier nicht nur die Opfer eines solchen Terroranschlags zusammen, sondern gleich auch den Täter. Einmal war einer bei uns in der Klinik, der sich durch seine mit Nägeln gespickte Bombe bei einem Attentat selbst schwer verletzt hatte. Wir versorgten seine Wunden, wir taten alles, um ihn vor dem Verbluten zu bewahren. Wir haben es nicht geschafft. Aber wir haben es versucht, so gut wir konnten. Das war unsere Aufgabe."

Ist eine solche Haltung nicht ausgesprochen ungewöhnlich in der israelischen Gesellschaft, will ich wissen? Udi schüttelt den Kopf.

„Vollkommen normal, nichts Besonderes", betont er wieder und wieder.

Und dann berichtet er mit großer Hochachtung von seinen arabischen Arztkollegen. Und davon, dass sie daran mitarbeiten, das korrupte System der palästinensischen Autonomie ganz allmählich Stück für Stück zu verändern. Im Gesundheitssystem ganz allmählich die Qualität zu verbessern. Er selbst bilde deshalb gerne arabische Medizinstudenten aus. Er freue sich darüber, dass immer mehr junge Araber Ärzte werden und ihren Landsleuten wirklich helfen möchten.

Ist es für ihn ein Stück Gerechtigkeit, wenn ein Kind aus Bethlehem die gleiche medizinische Behandlung erfahren kann wie ein jüdisches aus dem benachbarten Jerusalem?

Nein, widerspricht Udi. Das habe mit Gerechtigkeit nichts zu tun. Das sei einfach vollkommen selbstverständlich.

Noch hätten die Kollegen drüben im Westjordanland nicht das entsprechende Know-how und die Erfahrung im Umgang mit komplizierten Behinderungen, erklärt Dr. Lebel. Einstweilen müssten deshalb halt israelische Ärzte wie Dr. Joseph und er selbst helfen. Den LIFEGATE-Kindern zum Beispiel.

„Jeder unserer Patienten ist wie eine Brücke", berichten Dr. Lebel und Dr. Joseph übereinstimmend. Dr. Joseph hat mir beim Interview noch erklärt:

„Viele von unseren Patienten sehen zum ersten Mal einen Israeli, wenn sie zu uns ins Krankenhaus kommen. Ihr Leben lang hat man ihnen zu Hause, in der Schule und im Fernsehen eingebläut, wie grausam wir Israelis seien. Und dann kommen sie zu uns ins Krankenhaus und erleben, dass sich ausgerechnet ein israelischer Arzt um sie und ihre Krankheit kümmert. Und dass ihr Leben durch die Arbeit dieses Arztes vollkommen verändert wird."

Burghard Schunkert schaltet sich in unser Gespräch ein: „Ohne Ärzte wie Dr. Lebel und Dr. Joseph könnten wir bei LIFEGATE unsere Arbeit nicht tun. Die Art und Weise, wie sie voller Respekt mit unseren Patienten umgehen, wie sie Kinder und Eltern ernst nehmen, wie sie untersuchen und uns die bestmögliche medizinische Hilfe geben, ist ganz wichtig. In den israelischen Krankenhäusern und speziell bei diesen beiden Ärzten begegnet mir ein besonderes Menschenbild: ein hundertprozentiges Ja zu jedem Menschen, egal, ob er mit einer Behinderung lebt oder ohne."

Dr. Joseph mag so viel Lob nicht hören, er fährt fort: „Eins werden meine LIFEGATE-Patienten ihr Leben lang nicht sagen können – dass alle Israelis schlechte Menschen sind."

Dabei klingt der sonst zurückhaltend auftretende Mann auf einmal sehr entschlossen: „Es wird allerhöchste Zeit, dass sich die politischen Führer endlich auf Lösungen einigen. Wir normalen Leute auf beiden Seiten wünschen uns nichts mehr als Frieden." Und er seufzt fast unhörbar.

„Doch das kann noch dauern. Bis es zu einem Frieden kommt, soll LIFEGATE unbedingt weiterwachsen. Eigentlich müsste LIFEGATE auch in anderen Gegenden des Westjordanlands tätig werden und den Menschen dort helfen. Denn auch kleine Brücken zum Frieden sind Zeichen in die richtige Richtung!"

Kapitel 9

Eine offene Tür zum Leben

Warum 1993 der Verein LIFEGATE
gegründet werden musste (Beit Jala 1986)

„Burghard, wäre das nichts für dich? Ein Wohnheim in Beit
Jala mit rund fünfundzwanzig behinderten Männern leiten?
Jüngeren und ganz schön alten, blinden, geistig eingeschränk-
ten, körperbehinderten Männern? Was meinst du?"

Burghard Schunkert stutzt, als er diese Frage hört. Er kennt den
Mann ein wenig, der ihm dieses Angebot macht. Die wenigen
Deutschen, die ständig in Jerusalem und Umgebung arbeiten,
treffen sich bei verschiedenen Gelegenheiten. Im Gottesdienst
oder bei einem Fest. Und so sind sich auch der bisherige Leiter
des Heimes, Stefan Öhler, und Burghard immer mal wieder
begegnet.

Natürlich haben sie sich dabei auch über ihre beruflichen
Aufgaben ausgetauscht. Burghard weiß deshalb: Stefan Öhler
leitet seit drei Jahren zusammen mit seiner Frau ein Wohnheim in Beit Jala. Träger der Einrichtung ist die sogenannte
„Siloah-Mission" aus Deutschland. Jetzt erfährt Burghard:

Öhlers müssen zurück in die Heimat. Und er soll ihre Nachfolge antreten.

Aber ob er wohl der richtige Mann für diese knifflige Aufgabe sein könnte? Erst einmal vereinbaren die beiden Männer einen Besuchstermin. Burghard besichtigt das Heim. Erkundigt sich nach den Männern, die hier untergebracht sind.

Er sieht sich um. Seine Begeisterung hält sich in Grenzen. Schnell erkennt er, dass die Männer mit den unterschiedlichen Handicaps hier eher aufbewahrt werden als wirklich betreut oder gefördert. Nur einige wenige von ihnen verdienen sich tagsüber ein paar Schekel als Laufburschen oder Handlanger in irgendwelchen Werkstätten. Alle anderen sitzen nach dem Frühstück den ganzen Tag über herum. Starren in einen der permanent flimmernden Fernseher. Hängen wie geistesabwesend in einer Ecke herum. Trostlos.

Sieben Jahre lang besteht das Heim schon, einige der Männer haben die gesamte Zeit hier verbracht. Doch offensichtlich hat sich bisher niemand fachkundig um sie gekümmert. Eine Zeit lang wechselten die Heimleiter alle paar Monate. Stefan Öhler führte als Erster gewisse Regeln ein, einen festen Tagesablauf, Stabilität und Sicherheit. Jetzt wäre ein mutiger Mensch gefragt, der diese Ansätze weiterführen und ausbauen würde.

Burghard ahnt schnell: Das hier ist eine Herkulesaufgabe. Denn behinderte Menschen zählen in der palästinensischen Gesellschaft nichts. Schlimmer noch: Sie gelten als Schande. Werden aus der Familie abgeschoben. Versteckt. Oft weggesperrt.

Wenn ein Kind mit einer Behinderung zur Welt kommt, soll die Öffentlichkeit davon möglichst nichts mitbekommen. Nicht selten schiebt der Vater seine Frau mit dem behinderten Kind beiseite. Beachtet beide kaum noch. Nimmt sich eine zweite Frau. Die Großfamilie, zu der das Kind und seine Mutter gehören, gibt der jungen Mutter direkt oder indirekt die „Schuld" für die Handicaps des Kindes. Sie möchte vermeiden, dass dieses „Kind der Schande" den Ruf der Familie „beschmutzt". Die Heiratsaussichten der jungen Frauen dieser Großfamilie könnten sich ja verschlechtern, falls die Behinderung bekannt würde.

Eine junge Mutter und ihr behindertes Kind werden deshalb oft ausgegrenzt und benachteiligt. In der Regel zwar nicht verstoßen, aber eben auch nicht für voll genommen. Durchgefüttert, aber nicht unterstützt. Niemand kann sich vorstellen, dass ein solches Kind viele Fähigkeiten hat. Dass es besondere Unterstützung braucht. Dass es gefördert werden müsste. Dass es dann Ziele haben könnte, Ideen, Pläne, eine Zukunft.

Dabei sind Behinderungen in der palästinensischen Bevölkerung nicht eben selten. Es gehört zur Tradition, dass Ehen oft innerhalb der Großfamilie geschlossen werden. Gerade auf den Dörfern sind Hochzeiten von Cousins und Cousinen eher die Regel als die Ausnahme. Im Westjordanland gibt es Dörfer, in denen sämtliche Einwohner den gleichen Nachnamen tragen, weil sie aus einer Sippe stammen. Genetische Defekte und Erbkrankheiten sind da fast schon vorprogrammiert.

Die palästinensische Regierung ignoriert das Problem und stellt kaum Hilfsmöglichkeiten für Menschen mit Behinderungen zur Verfügung. Viele Familien sind froh, wenn sie solche Kinder „abgeben" können in Einrichtungen ausländischer Hilfswerke.

All das weiß Burghard Schunkert.

Er macht sich nichts vor im Blick auf die Aufgabe, die vor ihm liegt. Er weiß: Die Verantwortung ist groß. Er muss mit viel Gegenwind und mit wenig Unterstützung rechnen. Aber er spürt auch: Das hier ist eine große Chance.

Zum ersten Mal in seiner Zeit in Israel bietet man ihm an, das zu tun, was ihm wirklich am Herzen liegt: mit Menschen zu arbeiten und für sie da zu sein. Menschen, die ihn und seine Zuwendung brauchen.

Und so zögert Burghard nicht lange. Er sagt zu.

Dabei kommt es ihm zugute, dass er ausgebildeter CVJM-Sekretär ist. Denn mit seiner Ausbildung hat er sich gleich auch als Erzieher qualifiziert. Ganz offensichtlich ist Burghard – Anfang dreißig, geschieden, beruflich in seiner neuen Heimat Israel nur mäßig erfolgreich – plötzlich genau der Richtige. Der richtige Mann zur richtigen Zeit am richtigen Ort.

Obwohl er bis dahin keinerlei Erfahrung im Umgang mit gehandicapten Menschen sammeln konnte. Sein jüngerer Bruder Matthias hatte ihm zwar viel vom Zivildienst in einer Behinderteneinrichtung berichtet. Auch andere Freunde fanden es völlig normal, mit Menschen zusammenzuleben oder -zuarbeiten, die sich nicht gut bewegen konnten oder deren Intelligenz nicht so stark ausgeprägt war. Für Burghard selbst aber blieb das alles bisher Theorie. Und doch nimmt er mutig den Ball auf, den Stefan Öhler ihm zugespielt hat.

„Vermutlich konnte ich das nur deshalb tun, weil unterschwellig immer noch Joni Earecksons Buch in mir weiterwirkte", überlegt er heute. „Ich hatte ja beim Lesen zumindest schon mal einen Menschen im Rollstuhl kennengelernt."

Ganz erstaunlich, welch nachhaltige Wirkung die Lektüre eines Buches haben kann.

Burghard Schunkert übernimmt eine Aufgabe, die ihn seitdem nicht mehr loslässt. Die sein Leben verändert hat. Und vor allem das Leben Hunderter von Menschen. Das Leben von Menschen mit Behinderungen und von Menschen ohne. Von freiwilligen Helfern und Mitarbeitern. Von Kindern und Jugendlichen. Von betroffenen Eltern und Geschwistern. Und von unzähligen Freundinnen und Freunden von LIFEGATE.

Langsam, aber zielstrebig findet Burghard sich in seine neue Aufgabe ein. Lernt die Menschen kennen, für die er jetzt verantwortlich ist. Manche sind relativ fit und müssten ihr Leben eigentlich gar nicht hier im Heim verbringen. Er ahnt: Mit ein wenig Training und den richtigen Hilfsmitteln könnten sie selbstständig leben. Oder innerhalb ihrer Großfamilie. Doch sie wurden „aussortiert", regelrecht hierher abgeschoben. Ihre Familien haben ihnen bisher vermittelt: Du kannst nichts. Wir brauchen dich nicht. Du fällst uns zur Last.

Jetzt leben sie hier, ohne große Erwartungen und ohne Hoffnung auf eine Zukunft. Kommen irgendwie durch den Tag. Können keine Ideen und keine Initiative entwickeln.

Burghard wird klar: Das kann so nicht bleiben. Auch wenn er noch kein Fachmann ist für den Umgang mit solchen Menschen, tut er das, was er tun kann. Was ihm sein klarer Menschenverstand sagt: Er fordert und er fördert sie. Und er kann dabei eine ganze Reihe von Erfolgen erleben. Erfolge, die bis heute nachwirken.

Bei Yuhia Josef zum Beispiel, einem sechsundvierzig Jahre alten Familienvater aus der Gegend von Nablus. Yuhia ist extra mit seinem Auto zwei Stunden lang gefahren, um mir in Beit Jala von seinem Leben zu berichten. Und über das, was Burghard Schunkert damit zu tun hat. Yuhia ist ein offener, geradliniger Typ. Er nimmt kein Blatt vor den Mund und erzählt mir seine aufregende Geschichte:

Yuhia kommt mit einem Handicap zur Welt, das die ersten Jahre seines Lebens zur Tortur macht. Er leidet an einer speziellen Form von Muskelschwund, kann sich deshalb nicht auf den Beinen halten. Um sich trotzdem fit zu halten, trainiert er seinen Oberkörper.

„Ich sah aus wie ein Bodybuilding-Champion", lacht Yuhia. „Und auch gelernt habe ich bei LIFEGATE sehr viel. Englisch, Französisch, sogar ein paar Worte Deutsch. ‚Vogel‘ zum Beispiel oder ‚Guten Appetit.‘"

Von den ersten zwanzig Jahren seines Lebens verbringt Yuhia vierzehn im Krankenhaus, erzählt er mir.

Anschließend erfährt er von Burghards Arbeit. Landet in einer Wohngemeinschaft in Beit Jala. Bekommt von Ärzten, Therapeuten, freiwilligen Helfern jede denkbare Unterstützung. Ein gutes Jahr nur bleibt Yuhia. Aber dieses Jahr verändert alles.

„It was the best year in my life!", posaunt Yuhia heraus und lacht. Wie ein Licht nach vielen dunklen Tagen sei diese Zeit für ihn gewesen, beschreibt er. Wie eine Tür, die zu einem neuen Leben führt.

„Nein, ich muss das anders ausdrücken", korrigiert er sich selbst: „LIFEGATE hat mir die Tür geöffnet – gehen musste ich schon selber! Sie haben mir gesagt: Versteck dich nicht. Zeig dich. Mach was aus deinem Leben. Und das hab ich getan."

Bei LIFEGATE lernt Yuhia erst einmal Praktisches: die Grundbegriffe der Schneiderei. Doch mehr als für Stoff und Faden interessiert er sich für die Nähmaschine. Und so kriegt er eben einen Crashkurs in Nähmaschinen-Reparatur. Dabei bekommt er so viel mit, dass er sich zurück in seinem Heimatdorf selbst im Umgang mit Maschinen weiterbilden kann. In verschiedenen Werkstätten arbeitet er mit und lernt immer weiter dazu. Auch das Schweißen bringt er sich selbst bei.

So landet er an der Drehbank einer Werkstatt und verdient dort ordentlich. Er kann heiraten. Ein Haus bauen. Familie gründen. Vier Kinder hat Yuhia heute, ein Mädchen und drei Jungs im Alter zwischen acht und vierzehn Jahren.

„Alle vier sind gut in der Schule. Aber leider ist der Schulbesuch nicht ganz billig", erklärt er mir. „Ich mag gar nicht dran denken, wie teuer es wird, wenn sie alle an die Uni gehen."

Ein stolzer Vater, der alles dafür tun wird, die Kosten für die bestmögliche Ausbildung seiner Kinder zusammenzubekommen. „Ich möchte ihnen vor allem beibringen, wie sie sich selbst helfen können", trägt er nach.

Yuhia musste zwanzig Jahre alt werden, bis er diese Hilfe zur Selbsthilfe bekam. „Behinderte Menschen haben es in der palästinensischen Gesellschaft sehr schwer", erzählt er aus leidvoller Erfahrung. „Unsere Behörden kümmern sich nicht um uns. Dabei sind für uns ja ein paar Stufen schon wie ein hoher, nicht bezwingbarer Berg. Doch das scheint niemanden zu interessieren. Es ist mir richtig peinlich zu sagen: Unsere Behörden taten nichts für mich. Da mussten erst Menschen aus dem Ausland kommen."

Menschen wie Burghard Schunkert.

Zielstrebig und engagiert sucht er nach Möglichkeiten, jeden einzelnen behinderten Menschen zu fördern. Und nach Möglichkeit für jeden einen passenden Beruf zu finden.

Burghard beschäftigt sich mit den Gaben und Interessen seiner behinderten Schützlinge. Sucht dann nach Menschen, die ihnen etwas beibringen könnten. Und macht dabei erstaunlich gute Erfahrungen. Schritt für Schritt wächst die Arbeit.

Eine kleine Schusterwerkstatt entsteht. Eine Schreinerei. Eine Schneiderei. Eine Werkstatt, die Rollstühle repariert. Aus dem Wohnheim wird nach und nach eine Einrichtung, die Menschen mit Handicaps in ein selbstständiges Leben begleitet.

Hier werden Menschen trotz ihrer Behinderung ausgebildet. Hierher kommen allmählich immer mehr Nachbarn, um sich die Schuhe neu besohlen oder einen Rock einkürzen zu lassen. Und so wird immer ein bisschen mehr Geld verdient, das der Einrichtung zugute kommt.

Natürlich spricht sich das wie ein Lauffeuer herum. Einerseits kommt Kundschaft. Andererseits kommen immer mehr Eltern mit behinderten Kindern. Und so lernen bald immer mehr junge Männer Fertigkeiten, die sie für ihr Leben brauchen können. Und vor allem lernen sie, sich selbst etwas zuzutrauen.

Zum ersten Mal in ihrem Leben.

Doch während sich die Lage im Wohnheim Schritt für Schritt weiterentwickelt, kommen schlechte Nachrichten vom Träger aus Deutschland. Die Siloah-Mission muss ihre Zuwendungen erst kürzen. Dann vollkommen streichen.

Und das ausgerechnet in einer Phase, in der auch junge Frauen von der Arbeit profitieren. Den konkreten Anstoß dafür liefert der Hilferuf des damaligen Priors der Dormitio-Abtei in Jerusalem. Er berichtet Burghard von einer kleinen Gruppe junger palästinensischer Frauen. Alle im Rollstuhl. Alle gute Schülerinnen. Doch nun alle vor dem Nichts: Die Einrichtung, in der sie untergebracht sind, nimmt nur Kinder bis zum fünfzehnten Lebensjahr auf – und genau so alt sind die fünf.

Alle fünf stecken in der Sackgasse. Die jungen Frauen könnten nur dann einen Schulabschluss machen, wenn sie eine neue Heimat bekämen, erfährt Burghard. Er fackelt nicht lange, sondern bittet bei seinem Heimat-CVJM in Gießen um Hilfe.

Zwei Frauen aus Deutschland melden sich spontan für das Projekt. Ein Haus auf dem Ölberg wird für die neu zu gründende WG angemietet. Dort ziehen die beiden Mitarbeiterinnen gemeinsam mit den fünf Schülerinnen ein und bauen eine Wohngemeinschaft auf. Ausgerechnet in der Zeit der zweiten Intifada, als in der Gegend die Autoreifen auf den Straßen brennen und es zu hitzigen Zusammenstößen zwischen Palästinensern und israelischem Militär kommt.

Trotz der schwierigen Begleitumstände entwickelt sich die Frauen-WG prächtig. Die Schülerinnen werden spürbar selbstständiger. Sie kommen gut in der Schule zurecht. Kochen gerne miteinander. Ihre gemeinsame Wohnung füllt sich mit Freundlichkeit und Lachen. Der wöchentliche Besuch dort entwickelt sich für Burghard Schunkert zu einem der Höhepunkte seiner Arbeitswoche.

Schon bald zieht er gemeinsam mit seinem Team ein wichtiges Fazit: Für behinderte Menschen ist es offensichtlich gut, in einer überschaubaren Wohnung zusammenzuleben und nicht in einem großen Heim.

Und so wagt er den nächsten mutigen Schritt: Das alte Wohnheim in Beit Jala wird nach und nach aufgelöst. An seine Stelle treten Wohngruppen. Bald gibt es zwei davon für behinderte Männer und zwei für Frauen. Überschaubar. Gemütlich. Zur Selbstständigkeit anleitend.

Doch es gibt nicht nur Grund zur Freude: Trotz aller Erfolge vor Ort wird die bisherige Unterstützung durch Zuwendungen aus Deutschland immer spärlicher und bleibt schließlich aus.

Burghard Schunkert muss handeln. Als er Freunde in Deutschland um Hilfe bittet (darunter Ulrich Parzany und andere Führungskräfte aus dem CVJM), zeichnet sich bald der künftige Weg ab: Gemeinsam gründet man einen neuen Verein, der die Arbeit tragen kann.

Die Ablösung von der Siloah-Mission verläuft nicht unproblematisch. Letztlich aber kommt es zu einem klaren Schnitt. Im April 1993 wird in Würzburg der Verein „LIFEGATE e.V." gegründet. Der frisch gegründete Verein verpflichtet sich, die Hälfte des Gehaltes von Burghard Schunkert zu übernehmen, die andere Hälfte steuert der CVJM bei (speziell die Landesverbände Bayern, Oberlausitz und Baden).

Und warum soll der neu gegründete Trägerverein ausgerechnet LIFEGATE heißen? Burghard zögert mit seiner Antwort auf meine Frage.

„Ich weiß das auch nicht mehr so genau. Es war wohl wie eine Eingebung, eines Nachts. Ich dachte daran, dass Jesus mal über sich sagt: ‚Ich bin die Tür zum Leben‘. Wenn Jesus diese Tür zum Leben ist, dann wollen wir uns hier bei LIFEGATE darum bemühen, dass für viele Menschen das Tor zum Leben aufgeht.“

Kapitel 10

Zwischen den Stühlen

Als Deutscher in Israel leben
(Jerusalem 1987)

„Woher genau aus Holland kommen Sie eigentlich, junger Mann?"

Burghard Schunkert zuckt zusammen. Fast fällt ihm der Schraubenzieher aus der Hand, mit dessen Hilfe er gerade einen Kleiderschrank abbaut. Dabei lächelt ihn die ältere Dame, die die Frage gestellt hat, freundlich und ehrlich interessiert an.

„Wieso Holland?", fragt Burghard erstaunt zurück. „Ich bin Deutscher. "

Die Dame erbleicht. Macht einen Schritt zurück. Muss sich ein paar Sekunden lang sammeln. Und murmelt dann: „Mein Mann wird gleich nach Hause kommen. Der darf das auf gar keinen Fall erfahren."

Burghard jobbt gerade bei einem Schreiner. Einem echten Fachmann, von dem er eine Menge lernen kann. Gemeinsam ziehen die beiden über Baustellen oder sind in Privathäusern aktiv – wie eben gerade jetzt. In einem sehr gut ausgestatteten Haus betuchter Israelis sollen Burghard und sein Chef einen alten Schrank aus- und einen neuen einbauen.

Als Burghard die Wohnung betritt, fallen ihm die edlen Möbel und die ausgesuchte Einrichtung auf. Und eine Reihe schwarzer Kacheln, die im Wohnzimmer und im Bad zu sehen sind. Auffällig. Ungewöhnlich. Merkwürdig.

Doch er fragt nicht nach, fängt an zu arbeiten. Ein Routineauftrag. Wenn da nur nicht die in Israel nie hundertprozentig rechtwinklig geraden Wände und Ecken wären. Und wenn da jetzt nicht diese Frage wäre, deren Antwort mit einem Schlag die freundliche Stimmung kippen lässt.

Burghard wendet sich wieder seiner Arbeit zu und grübelt. Wieso Holland? Wahrscheinlich hat sein Chef diese falsche Auskunft gegeben. Und der wird wohl seine Gründe dafür gehabt haben …

Wenig später sitzen Burghard, sein Chef und die ältere Dame beim Mittagessen zusammen. Als ihr (ebenfalls älterer) Ehemann von der Arbeit nach Haus kommt, nimmt auch er am Tisch Platz. Ein lebhaftes Gespräch entwickelt sich. Burghard erfährt, dass die beiden eine Kleiderfabrik in Jerusalem besitzen.

Doch dann ist da wieder diese Frage, diesmal gestellt vom Herrn des Hauses: „Wo genau aus Holland kommen Sie eigentlich her?"

Burghard erbleicht. Sitzt da wie versteinert. Traut sich kaum zu atmen. Belügen aber will und kann er diese freundlichen Menschen nicht. „Ich komme aus Deutschland", seufzt er kleinlaut.

Wie vom Blitz getroffen springt der Hausherr auf. Wirft sein Besteck auf den Teller. Stürmt aus dem Esszimmer. Seine Frau ringt die Hände, wendet sich an Burghard und versucht zu erklären: „Sie müssen wissen – mein Mann und ich waren beide in Ausschwitz."

Hilflos murmelt Burghard Entschuldigungen. Steht auf. Kündigt an, sich wohl besser aus dem Staub zu machen. Es täte ihm ja so leid …

Um zur Haustür zu gelangen, muss er durchs Wohnzimmer. Dort aber sitzt der Hausherr. Burghard stößt eine kurze Bitte um Entschuldigung hervor, will auf Zehenspitzen den Raum durchqueren. Doch erstaunlicherweise bittet der alte Herr ihn, Platz zu nehmen.

„Es ist nichts gegen Sie persönlich", fängt er an. Und dann erzählt er Burghard von Auschwitz. Von den Demütigungen. Von der Willkür. Von der Brutalität. Von der Menschenverachtung. Von all dem Schrecklichen, was Deutsche und ihre Helfershelfer dort Männern, Frauen, Kindern angetan haben.

„Wir haben uns danach geschworen, nie wieder etwas mit Deutschland oder mit Deutschen zu tun zu haben", erklärt der Mann, der den Holocaust überlebt hat. „Nach all dem Grauen, was wir mitmachen mussten, haben wir uns vorgenommen: Nie mehr! Kein deutsches Auto mehr fahren. Nicht mehr deutsch sprechen. Keinen Kontakt mehr haben zu Deutschen. Und jetzt – junger Mann – sind *Sie* in meinem Haus!"

Noch einmal bittet Burghard um Entschuldigung; beteuert, wie leid es ihm täte, hier zu stören. Beginnt stammelnd, ein paar Sätze zu sich zu sagen. Erzählt davon, wie er nach Israel gekommen ist. Warum er jetzt in diesem Job arbeitet. Arbeiten muss. Dass er bald umziehen und ein Heim mit behinderten Menschen leiten wird. Dann verabschiedet er sich und verlässt das Haus.

Wenige Wochen später fällt Burghard aus allen Wolken. Sein Telefon klingelt. Es meldet sich der Kleiderfabrikant aus Jerusalem. Burghard traut seinen Ohren nicht: „Junger Mann, Sie haben doch erzählt, dass Sie gerade umgezogen sind. Der alte Kleiderschrank, den Sie bei uns ausgebaut haben, den brauchen wir nicht mehr. Wollen Sie sich den nicht für sich abholen?"

Burghard lässt sich das nicht zweimal sagen. Er rückt mit einem Transporter an.

In der Wohnung wartet die nächste Überraschung: Nicht nur der Schrank steht für ihn bereit. Sondern auch das Ehepaar selbst wartet auf ihn – mit einer Reihe von großen Säcken. Säcken gefüllt mit nagelneuer Kleidung aus ihrer Fabrik. „Sie können die Sachen doch bestimmt für Ihre behinderten Palästinenser brauchen", bemerkt der Hausherr, als wäre das die größte Selbstverständlichkeit der Welt. Burghard nickt.

Und erhält von nun an regelmäßig Kleiderspenden in bester Qualität. Von israelischen Holocaust-Überlebenden für palästinensische Kinder, Jugendliche, Erwachsene mit Behinderungen. Bis an ihr Lebensende unterstützen die beiden großzügigen Spender ihn und seine Arbeit im Westjordanland. Doch es bleibt nicht bei diesen Kleiderspenden. Burghard wird regelmäßig angerufen. Wie es ihm denn gehe, wollen die älteren Herrschaften wissen, und wie seinen palästinensischen Kindern. Kein Anruf, in dem ihm das Ehepaar nicht viel Erfolg wünschen würde. Ihm, dem Deutschen.

„Da habe ich zum ersten Mal bewusst erlebt, dass Gott etwas in Menschenherzen heilen kann", berichtet Burghard Schunkert. Und dann bleibt ihm erst einmal für eine Weile die Stimme weg.

Manchmal fühle er sich in Israel, als lebte er zwischen zwei Extremen, fährt er später fort. Als habe er sich einen Platz gesucht genau zwischen zwei Stühlen. Als würde er selbst eigentlich zu keiner der beiden Seiten richtig passen – nicht zur israelischen und auch nicht zur arabischen Seite.

Nicht zur israelischen Seite mit den Holocaustüberlebenden und der Bedrohung aus der ganzen arabischen Welt, mit der waffenstarrenden Armee und der Hightech-Industrie.

Aber genauso wenig zur arabischen Welt mit ihren selbstherrlichen Machthabern und ihrem vorsintflutlichen Umgang mit Menschenrechten, ihren fest zementierten Rollenvorstellungen und ihrer Verachtung der Juden.

„Zu welcher Seite gehörst du denn mehr?", frage ich Burghard.

Er zögert mit einer Antwort. Redet sich erst einmal heraus und kommentiert: „Gute Frage."

Doch dann legt er los: „Als Christ weiß ich ja, dass mein Zuhause nicht in dieser Welt ist. Jesus hat seinen Leuten versprochen, dass er eine Wohnung für sie vorbereitet, im Himmel, in der Nähe Gottes. Da gehöre ich letztlich hin. Deshalb habe ich nie große Nationalgefühle entwickelt. Ich bin gerne Deutscher und besuche Deutschland im Urlaub sehr gerne. Doch ich bin dort nicht so verwurzelt, dass ich nicht auch woanders leben könnte – eben zum Beispiel in Israel, wohnhaft in Jerusalem, tagtäglich tätig in Beit Jala.

Heimat ist für mich da, wo meine Familie ist, wo Geschwister im Glauben sind. Geistliche Menschen, mit denen ich Gemeinschaft haben kann und mit denen ich auch in der Beziehung zu Gott verbunden bin. Meine Frau Ute und ich haben solche Menschen in beiden Welten gefunden: auf der israelischen Seite, aber genauso auch auf der palästinensischen. Und deswegen fühlen wir uns auch auf beiden Seiten wirklich zu Hause. Jedenfalls ein ganzes Stück weit."

Burghard und Ute Schunkert kennen und schätzen beide Seiten. Manche ihrer israelischen Freunde haben wenig Verständnis dafür, dass sie sich so stark für Palästinenser im Westjordanland einsetzen. Manche der palästinensischen Freunde wiederum fragen fast vorwurfsvoll: „Warum lebt ihr eigentlich bei den Juden?" Die Antwort: Schunkerts wollen zu beiden Seiten Kontakt haben. Wollen Freunde sein und Freunde haben auf beiden Seiten. Und so die eine oder andere kleine Brücke zum Frieden schlagen.

So leiden sie mit, als im Mai 2018 in den Nachrichten vom Aufstand im Gazastreifen berichtet wird. Von Dutzenden toter Palästinenser am Grenzzaun. Von Müttern, Kindern, Jugendlichen, die von der Hamas in die erste Reihe der Demonstranten bugsiert werden. Und hinter denen bewaffnete Hamas-Kämpfer vorrücken. Von israelischen Soldaten, die schießen, um potenzielle Attentäter abzuwehren.

Viele Israelis reagierten ratlos und ärgerlich, wenn sie diese Berichte mitbekämen, berichtet Burghard Schunkert. „Was ist nur aus unserer Armee geworden, warum schießt sie in einer solchen Situation mit scharfer Munition?", habe ihm neulich noch ein israelischer Patriot gesagt, nachdem er Details von solchen Zusammenstößen am Grenzzaun erfahren habe.

Was sollte Burghard Schunkert ihm antworten?

Er leidet ja selbst unter den Wechselbädern. Ist gelegentlich hin- und wieder hergerissen zwischen den zwei verschiedenen Welten, in denen er lebt und arbeitet.

Zum Beispiel während des Golfkriegs 1990. In seiner kleinen Wohnung in Jerusalem muss er damals einen winzigen Raum als provisorischen Bunker einrichten. Mit Notproviant und Gasmaske. Die Angst vor irakischem Giftgas ist groß. Mehrmals erlebt Burghard, wie die Sirenen in seinem Stadtgebiet heulen. So schnell wie möglich verzieht er sich in die winzige Kammer, um sich vor dem Gas zu schützen. Harrt dort notgedrungen aus, angespannt, aufgewühlt, ängstlich.

Haus des Lachens,
des Friedens,
der Versöhnung –
das neue Lifegate-
Zentrum in Beit Jala.

Luftlinie nur etwa 2 Kilometer
entfernt von den Grenzanlagen,
die Israel und das Westjordanland voneinander trennen.

Lachen und lernen,
gefördert werden und
vorankommen –
Kinder im Lifegate-
Zentrum

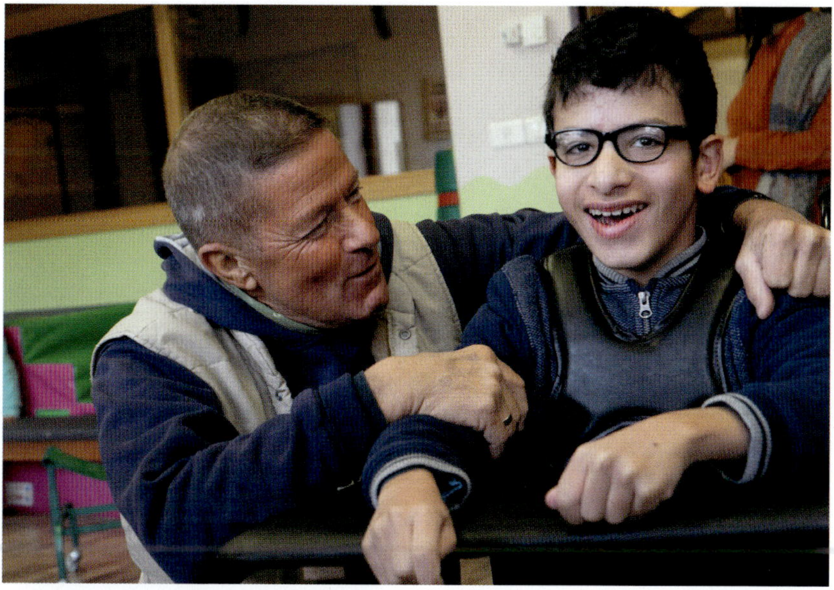

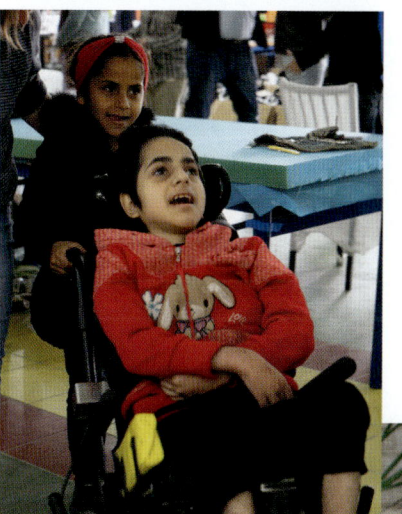

Rollstuhl-Engel Richard und sein „Kumpel" Sain im „Feuerstuhl" (S. 30 ff.)

Premiere: Zum ersten Mal kann Shenan die Welt sitzend erleben – vom Rollstuhl aus (S. 183 ff.)

Kämpferin Linda (S. 39 ff.)

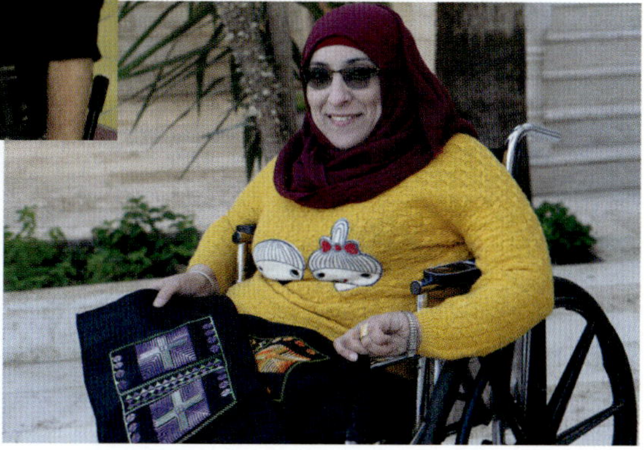

Auf Rollen aktiv durchs
Leben. Fahed mit Töchtern
(u.a. S. 15 und 192 ff.)

Asma auf ihrem
Scooter (SS. 39 ff.)

Rollstuhlbasket-
ball-Team von
LIFEGATE
(S. 198 ff.)

LIFEGATE-Unterstützer.
Joni Eareckson Tada
(mit Burghard und Mika
Schunkert, S. 50 ff.)

Beit Jalas Bürgermeister
Nicola Khamis (mit dem
Autor, S. 125 ff.)

Christoph und Samuel Koch
(mit Ute und Burghard
Schunkert, S. 136 ff.)

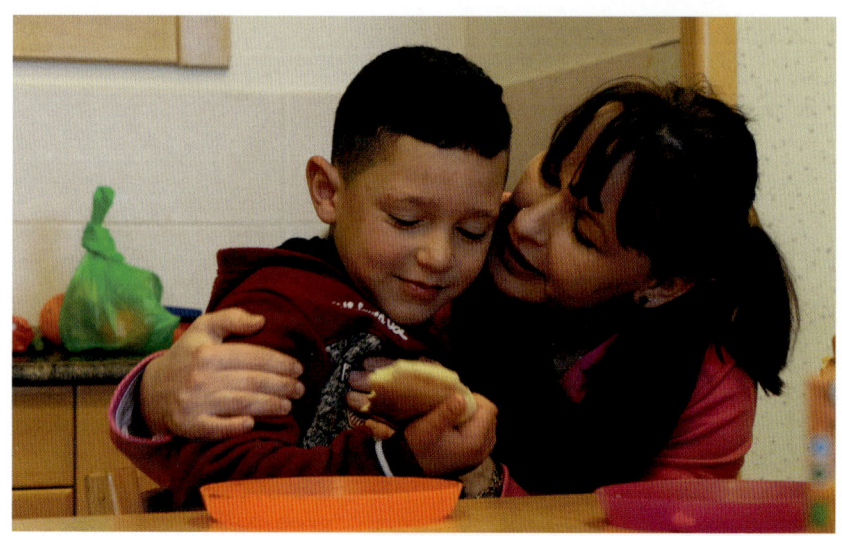

Zuwendung, Liebe, Förderung – Szenen aus dem LIFEGATE-Alltag

Familie Schunkert
(S. 153 ff.)

Gebet auf dem
Krippenplatz
(S. 162 ff.)

Kapelle im Gäste-
haus LIFGATE-
Garden (S. 174 ff.)

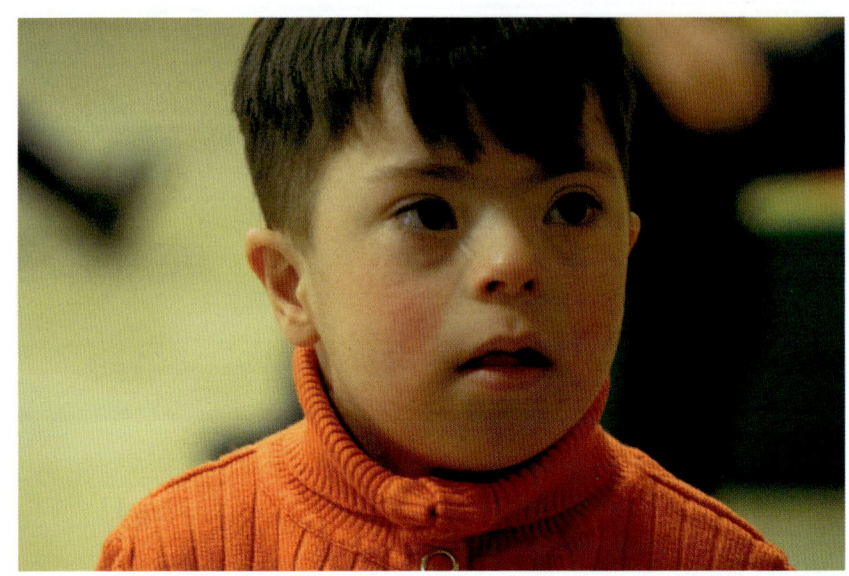

Jeder Mensch ist willkommen.

Umso irritierender, dass er dann am nächsten Tag an seinem Arbeitsplatz erfährt: In Beit Jala hätten manche Palästinenser in der Nacht auf den Dächern gelacht, getanzt, gefeiert. Aus Freude über die Angriffe aus dem Irak auf Israel.

Besonders schlimm, so berichtet er mir, sei es zur Zeit der zweiten Intifada gewesen, etwa zwischen 2000 und 2005. Allen Gefahren und Unruhen zum Trotz arbeitet Burghard damals Tag für Tag in Beit Jala für die behinderten Kinder und Jugendlichen, die dringend seine Hilfe brauchen. Abends setzt er sich in sein Auto. Die Scheiben sind zum Schutz von innen mit Folie beklebt. Er trägt eine schusssichere Weste. Duckt sich an einigen Wegstrecken trotzdem noch so tief wie möglich in sein Auto hinein – aus Angst vor palästinensischen Heckenschützen. Dabei hat er den ganzen Tag über versucht, das Leben von Palästinensern erträglicher, lebenswerter zu gestalten.

Was es heißt, Terror fast hautnah zu erleben, weiß Burghard auch zu berichten. Eines Nachts hören seine Frau Ute und er einen dumpfen Schlag. In diesen Monaten der Intifada ist die Bevölkerung Jerusalems schon fast gewöhnt an dieses unheilvolle Geräusch. Danach herrscht jeweils erst einmal Totenstille. Wenig später dann hört man Sirenen. Jeder weiß aus Erfahrung: Je mehr Sirenen, desto schlimmer das Attentat.

In dieser Nacht hören Ute und Burghard besonders viele Sirenen. Sie wissen: Heute Nacht ist ganz in unserer Nähe etwas Schreckliches passiert.

Später sehen sie mit eigenen Augen: Bis zu ihrem Grundstück sind die Nägel geflogen, mit denen der Attentäter seine Bombe präpariert hatte. Nur einen Straßenzug weiter hatte er sich in einem Café in die Luft gesprengt. Ausgerechnet in ihrem Lieblingscafé, in dem Schunkerts gerne an einem freien Tag ein paar ruhige Momente lang ausspannen.

Nun hat es dort ein Blutbad gegeben. Unter den zahlreichen

Opfern – so erfährt Burghard – ist auch ein israelischer Arzt mit seiner erwachsenen Tochter.

Vater und Tochter hatten im Café ein Abschiedsfest gefeiert: Die Tochter wollte am nächsten Tag heiraten. Die Bombe zerstörte nicht nur diesen Plan. Sie löschte das Leben der Tochter und das Leben ihres Vaters aus. Das Leben eines engagierten israelischen Arztes. Der jahrelang mit seiner Sachkenntnis vielen LIFEGATE-Kindern geholfen hatte. Palästinensischen Kindern.

Solche Situationen sind zum Verzweifeln.

Tief aufgewühlt von dem Schrecken, geschockt und ratlos, fährt Burghard am Tag nach diesem Anschlag zur Arbeit nach Beit Jala. Und spürt: Hier freuen sich manche Palästinenser regelrecht darüber, dass es – wie sie andeuten – „wieder ein paar Juden erwischt hat".

Wie kann sich jemand darüber freuen, wenn Menschen sterben?, fragt Burghard sich. Er kann und er will das nicht verstehen. Und beobachtet doch, dass Gefühle von Rache, Hass und Unversöhnlichkeit auf beiden Seiten stark ausgeprägt, tief eingeprägt sind.

Doch Gott sei Dank erlebt er nicht nur Hass. Am Tag nach einem anderen schlimmen Bombenanschlag in Jerusalem ist er mit einem palästinensischen Kind zu einem Termin in einem israelischen Krankenhaus angemeldet.

Er weiß genau: Nach den schlimmen Folgen des Attentats sind die Krankenhäuser voll mit Verletzten. Seine Befürchtung: Einen Tag nach dem schlimmen Anschlag des palästinensischen Selbstmordattentäters werden die Israelis das palästinensische Kind und seine mitreisende Mutter nicht anschauen, schon gar nicht behandeln.

Doch er liegt falsch: Die israelischen Schwestern, Pfleger, Ärzte behandeln die vermeintlichen „Gegner" mit der gleichen Sorgfalt wie immer. Rührend kümmern sie sich um das behinderte Kind. Burghard kann es kaum fassen und fragt sich: „Wie machen die Israelis das bloß? Beißen die sich während der Behandlung vor Schmerz auf die Zunge?"

Eines Tages sitzt Burghard wieder einmal mit einem palästinensischen Kind einem israelischen Arzt gegenüber. Der trägt einen schwedisch klingenden Namen, Dr. Edvardson. Ein Name, der Burghard bekannt vorkommt, den er aber nicht sofort einordnen kann.

„Kann es sein, dass ich schon mal was über Sie gelesen habe?", fragt er den Mediziner. „Vermutlich meinen Sie das Buch meiner Mutter", antwortet der Arzt.

Es stellt sich heraus: Dr. Schimon Edvardson ist der Sohn von Cordelia Edvardson. Eine Holocaust-Überlebende, die das viel beachtete Buch „Gebranntes Kind sucht das Feuer" über ihre schrecklichen Erfahrungen in Ravensbrück und Auschwitz geschrieben hat. Und die sich mit aller Kraft dafür einsetzt, dass unterdrückte Menschen überall in der Welt ihre Menschenwürde und ihre Menschenrechte zugestanden bekommen – eben das, was ihr die Nazis auf schlimmste Weise zu rauben versucht hatten.

„Da war er wieder, der Holocaust", meint Burghard, als er mir von dieser Begegnung erzählt. Und er schiebt nach: „Der Sohn dieser bemerkenswerten Frau und eine ganze Reihe weiterer israelischer Ärzte helfen uns heute mit ihrer Fachkenntnis, den Zustand unserer Kinder und Jugendlichen zu verbessern."

Dr. Edvardson und viele seiner Kolleginnen und Kollegen tun das, obwohl sie wissen: Die palästinensische Gesellschaft leugnet den Holocaust. Will einfach nicht wahrhaben, was den Juden durch die Nazis angetan wurde. Und was mit dazu beitrug, dass verzweifelte Juden den Staat Israel gründeten und aufbauten.

Wie könnte ich meinen palästinensischen Mitarbeitern wenigstens eine Ahnung vom Holocaust vermitteln, überlegt Burghard eines Tages.

Und entdeckt einen Film, der ihm bei diesem Versuch helfen könnte: „The Freedom Writers". Die Story klingt simpel und leicht sentimental. Doch sie erzählt eine wahre Geschichte nach:

Eine junge Lehrerin in Amerika müht sich mit den Unterschichtjugendlichen in ihrer neuen Klasse ab. Farbige, Puerto Ricaner, Sozialwaisen. Weil keiner ihr zuhört und nur Gewalt und Geschrei zählen, macht sie einen verzweifelten Versuch: Sie beginnt die Schüler für das „Tagebuch der Anne Frank" zu interessieren, die Aufzeichnungen eines jüdischen Mädchens in Holland, das sich erst mit seiner Familie eine quälend lange Zeit in einem Hinterhaus vor den Nazis verstecken muss. Und schließlich im KZ stirbt.

Zum Höhepunkt des Films begegnen die Jugendlichen Holocaust-Überlebenden, die von ihren persönlichen Erlebnissen des Grauens berichten. Und sie treffen die Holländerin, die Anne Frank damals ein Versteck angeboten hatte.

„Ich hab nur getan, was ich tun musste", sagt die alte Dame im Film den tief beeindruckten Kids. „Ihr aber lebt jetzt und müsst heute etwas tun, was die Welt verändert." Bei den Jugendlichen im Film hinterlassen diese Worte enorme Wirkung. Und verändern ihr Leben.

Burghard wagt es und zeigt seinen Mitarbeitern den amerikanischen Film mit arabischen Untertiteln. Nach dem Abspann herrscht Schweigen. Niemand steht auf. Keiner will nach Hause gehen. Zaghaft fangen manche an, über den Film zu reden. Sie sind aufgewühlt und tief betroffen von dem, was sie im Film vor sich gesehen haben.

Nach dieser Vorbereitung wagt Burghard Schunkert einen zweiten Schritt: Den nächsten Betriebsausflug des LIFEGATE-

Mitarbeiterteams macht er nach Jerusalem. In die Holocaust-Gedenkstätte Yad Vashem. Hier wird auf eindringliche Weise an die sechs Millionen von den Nazis getöteten Juden erinnert. Ein Ort, den nicht viele arabische oder palästinensische Menschen aufsuchen.

Geführt wird die Gruppe dort von einer Yad Vashem-Mitarbeiterin, die arabisch spricht, aber nicht aus dem Nahen Osten zu stammen scheint. Gerne gibt die Führerin Auskunft: Sie sei in Bosnien geboren. Als Muslima. Während des Zweiten Weltkriegs hätten ihre Eltern einige Juden vor den Nazis versteckt und ihnen so das Leben gerettet. Und als dann während des Balkankriegs viele Muslime von Serben massakriert wurden (die brutalen „ethnischen Säuberungen" um das Jahr 1995 herum), hätten sich die geretteten Juden an ihre Familie in Bosnien erinnert.

Von ihrer neuen Heimat Israel aus hätten sie nach den Nachkommen ihrer Retter in Bosnien gefahndet – und sie in den Kriegswirren tatsächlich aufgespürt. Von einem Tag auf den anderen hätten sie die komplette Familie nach Israel in Sicherheit gebracht.

So sei sie nach Israel gekommen, berichtet die Führerin in der Gedenkstätte. Eine ihrer Schwestern sei bis heute Muslima. Eine sei Christin geworden. Sie selbst habe sich dafür entschieden, Jüdin zu werden.

Burghard beobachtet, dass manchen seiner Mitarbeiter bei dieser Geschichte der Mund offen steht. Sein Team ist tief bewegt und beeindruckt. Und wird Burghard immer wieder einmal rückmelden: „Das war der beste Betriebsausflug, den wir je hatten!"

„In Israel als Deutscher zu leben, ist nie ganz einfach. Ob man will oder nicht – man trägt immer die Vergangenheit mit sich herum." Sagt Burghard Schunkert. Und ich spüre, er könnte noch stundenlang weitererzählen über diese Spannung, in der er lebt und arbeitet.

Eine ganz persönliche Erfahrung zu diesem Thema, die er mir kurz nach dem Gespräch per Mail nachreicht, macht mich endgültig sprachlos:

„Als ich schon bei LIFEGATE war, erzählte mein Vater mir eines Tages Erlebnisse aus seiner Jugendzeit, über die er früher immer geschwiegen hatte. Mit siebzehn wurde mein Vater zum Militär eingezogen, kurz vor Ende des Zweiten Weltkrieges. Seine Einheit wurde nach Frankfurt an der Oder geschickt. Dort waren bereits die Russen eingedrungen. Seine Einheit wurde aufgerieben.

Einige der jungen Soldaten versteckten sich nachts in einem Wald. Als sie Feuer bemerkten, hofften sie, auf Deutsche zu treffen. Sie hatten sich getäuscht: Es waren Russen. Nach einer kurzen Schießerei nahmen die Russen die Deutschen gefangen und banden sie zur Hinrichtung jeweils an einem Baum fest.

Die Russen standen bereits mit angelegten Gewehren vor den Deutschen, als plötzlich ein russischer Offizier aus dem Zelt trat und rief: ‚Die werden nicht erschossen, die kommen in Gefangenschaft.'

Später erfuhr mein Vater: Dieser Offizier hieß Rubinstein. Und er war Jude."

Kapitel 11

Von LIFEGATE fürs Leben geprägt

Was junge Freiwillige aus ihren Erfahrungen in Beit Jala
gemacht haben (Tabgha, Jerusalem, Beit Jala 1994)

„Ist das denn hier das Paradies?"

Hendrik Denker – neunzehn Jahre jung, das Abitur frisch
in der Tasche, jetzt zum ersten Mal in seinem Leben weit weg
von zu Hause – kann sein Glück kaum fassen. Er sitzt in einem
schön angelegten Schwimmbecken mit kristallklarem Wasser.
Angenehm kühl. Einfach erfrischend, gerade jetzt im bren-
nend heißen August.

Rund herum eine schattige grüne Oase. Bäume, Büsche,
Kakteen, Blüten in allen Farben. Vögel singen in den Zweigen.

Falls es Hendrik trotzdem einmal langweilig werden sollte, könnte er aus dem Naturpool steigen – und nach wenigen
hundert Metern in den See springen. Tatsächlich: in *den See,*
den See Genezareth.

Den kennt Hendrik aus der Bibel. Schon als Kind hat er viel
gehört und gelesen über diesen See, an dessen Ufern Jesus pre-
digte und heilte, feierte und betete.

Hendrik ist in einer Familie aufgewachsen, der der Glaube an Jesus sehr viel bedeutet. Schon als Kind hört er die biblischen Geschichten, die fast alle in Israel spielen. In Jerusalem. Oder eben hier am See. Später als Jugendlicher liest er Bücher über den Zionismus (die politische Bewegung, die einen Staat für die zerstreute jüdische Bevölkerung in aller Welt schaffen wollte). Und über die Gründung des Staates Israel.

„In einem Kibbuz in Israel will ich einmal meinen Zivildienst ableisten!", beschließt er. Doch es hagelt Absagen. Weil er über keine praktische Ausbildung verfügt, sondern nur ein „Abiturient mit zwei linken Händen" ist. Über einem verrückten Umweg ist Hendrik dann doch hier gelandet. In Tabgha. Im Pool des Gartens zwischen See und Brotvermehrungskirche. Paradiesisch!

Die ersten Erfahrungen in dieser besonderen Region sind für Hendrik nicht ganz einfach. Er muss erst einmal schlucken, dass seine Zivildienststelle nicht im Staat Israel liegt, sondern ein paar Kilometer weiter, im (palästinensischen) Westjordanland. Dass sein Arbeitsgeber LIFEGATE sich nicht um junge Israelis kümmert, sondern um Palästinenser.

Als er bei seinem ersten Ausflug mit anderen Freiwilligen aus Deutschland nach Jerusalem fährt und dort die Altstadt bewundert, wird ihr Kleinbus aufgebrochen. Die Scheibe ist eingeschlagen, aber nichts fehlt. Die Polizei kommt trotzdem mit großem Aufgebot. Und prüft sorgfältig mit Spiegeln an Teleskop-Antennen, ob nicht unter dem Auto einen Bombe platziert worden ist. Die Angst vor dem Terror liegt in der Luft.

„Wo bin ich hier nur hingeraten?", fragt Hendrik sich. Sein rosarot gefärbtes Idealbild vom Heiligen Land beginnt düsterer zu werden.

Doch jetzt, ein paar Tage später, fühlt er sich wie im Paradies. Von Beit Jala aus ist er zusammen mit anderen LIFEGATE-Mitarbeitern und einer Reihe von behinderten Jugendlichen hierhergefahren. Über Jerusalem hinunter zur Jordan-Ebene. Dann an Jericho vorbei Richtung Norden. Immer geradeaus. Nach ein paar Fahrstunden erreichen sie den See Genezareth. Umrunden ihn etwa zur Hälfte. Und landen genau hier in Tabgha. Ein paar Schritte weg von der berühmten Brotvermehrungskirche, die jährlich Heerscharen von Pilgern und Touristen aus aller Welt anlockt. Hier haben Mönche des Benediktinerordens eine einzigartige Oase geschaffen. Ein Urlaubsparadies speziell für Menschen mit Handicaps.

Hendrik lernt schnell, wie man hier einen Rollstuhlfahrer sanft über eine Rampe in das Wasserbecken hineinschiebt. Und freut sich mit, als der behinderte Jugendliche jauchzt: Zum ersten Mal in seinem Leben liegt er im Wasser und erlebt das Gefühl von Schwerelosigkeit.

Besondere Gefühle erlebt auch Hendrik. Das Schwimmen. Das Essen. Das Feiern. Die Gemeinschaft. Das Singen und Musizieren. Der junge Helfer aus Deutschland verspürt Lebensfreude pur. Bei den behinderten Jugendlichen, für die er da ist. Und bei sich selbst. Er ist rundherum begeistert.

Auch davon, wie unaufdringlich und selbstverständlich die christlichen Mitarbeiter von LIFEGATE mit ihren (in der Regel) muslimischen Schützlingen über biblische Geschichten sprechen. Wie sie ganz normal von Jesus erzählen. Was er hier am See sagte und tat. Und davon, was er für sie bedeutet.

Hendrik ist beeindruckt vom Heiligen Land.

Aber schon bald auch hin- und hergerissen. Sein Idealbild vom Staat Israel und vom Zionismus bekommt kräftige Risse. Er lebt und arbeitet eng zusammen mit Menschen aus Israel, aber auch mit solchen, die sich nach einem eigenen „Palästina" sehnen. Er beobachtet die brutale Gewalt palästinensischer Attentäter. Aber auch die strukturelle Gewalt, die Palästinenser durch die israelische Besatzung erleben: Schikanen bei den Durchsuchungen an Checkpoints. Willkür und Ungerechtigkeit in der Auseinandersetzung um jüdische Siedlungen mitten auf palästinensischem Gelände. Harte Verbote – Hendrik bekommt mit, dass Palästinenser nur ganz selten und unter strengen Bedingungen ihre Heiligen Stätten besuchen können.

Sein Horizont weitet sich, er lernt jede Minute dazu. Auch und gerade im Umgang mit Menschen. Vor seiner Zeit bei LIFEGATE hatte Hendrik keinen direkten Kontakt zu Menschen mit Behinderungen. Doch in der lockeren Atmosphäre hier fällt es ihm ganz leicht, zuzupacken, mitzuhelfen, sich zu kümmern, zu unterstützen. Ganz selbstverständlich. Ganz normal. Als wäre es schon immer so gewesen. Gerade so, als wüsste er bereits: Die Zeit bei LIFEGATE wird mein Leben gründlich prägen.

Ein knappes Jahr später begleitet Hendrik Fahed in ein Wahllokal. Fahed, der einst von seinem Vater ins Heim „abgeschoben" werden sollte, lässt sich mit stolzgeschwellter Brust im Rollstuhl bis in die Kabine schieben. Er darf seine Stimme abgeben. Endlich. Bei der ersten palästinensischen Wahl auf nationaler Ebene.

Fahed ist Analphabet, hat nie lesen und schreiben gelernt. Heute ist es für ihn eine unfassbare Ehre, seinen Präsidenten wählen zu dürfen. Das Strahlen von Fahed bei der Wahl 1996 wird Hendrik Denker nie mehr vergessen. Ein Mensch ist dankbar und stolz, weil er das Wahlrecht ausüben kann – diese Erfahrung prägt sich tief ein bei Hendrik.

Zurück in Deutschland studiert Hendrik Jura, Arabisch, Islamwissenschaften. Lebt ein Jahr lang in Kairo. Besucht Syrien. Den Iran. Lernt die arabische Sprache und Kultur gründlich kennen.

Dann sucht er sich eine verantwortliche Aufgabe beim BMZ, dem „Bundesministerium für Wirtschaftliche Zusammenarbeit und Entwicklung". Ihn bewegen Fragen, die er sich auch in seiner Zeit in LIFEGATE gestellt hat:

Wie können wir Menschen aus der Armut heraushelfen?

Wie für Gleichberechtigung sorgen?

Wie gleiche Chancen für alle möglich machen?

Wie Bildung und Menschenwürde vermitteln?

Vier Jahre lang – von 2011 bis 2014 – kehrt Hendrik zurück nach Israel. Im Auftrag des Auswärtigen Amtes berät er das sogenannte „Nahost-Quartett" (Vertreter Russlands, der USA, der UNO und der EU, die gemeinsam politische Brücken zwischen Israelis und Palästinensern bauen sollen) in Fragen von Wasser und Energiepolitik. Sein Schreibtisch in Ost-Jerusalem steht nur wenige Kilometer Luftlinie weg von LIFEGATE.

Auch Christine Träger kommt nicht los von Beit Jala und LIFE-GATE.

Nur für ein halbes Jahr will die gelernte Hauswirtschafterin und Erzieherin sich auf diese Arbeit einlassen. 1989 fliegt sie nach Israel, um eine Wohngruppe für junge Frauen zu betreuen. Doch statt nach sechs Monaten wie geplant den Flieger zurück nach Deutschland und in die oberfränkische Heimat zu nehmen, bleibt sie. Und bleibt. Und bleibt. Fast vier Jahre lang. Weil sie sieht: Wenn wir nichts für die behinderten Menschen hier tun, geschieht gar nichts. Wir haben die Freiheit, etwas Gutes für sie aufzubauen. Eine Aufgabe, die Christine ausgesprochen reizt.

Obwohl sie mitten in einen Krieg hineingerät. Den Golfkrieg, in dem Saddam Hussein Kuwait angreift. In dem er bald vom Irak aus Israel bedroht. Und die Drohungen auch in die Tat umsetzt.

Christine hat als Kind oft atemlos zugehört, wenn ihr Opa vom Krieg erzählte. Jetzt, mit siebenundzwanzig Jahren, fragt sie sich fast ungläubig: Wie fängt so ein Krieg eigentlich an?

Sie kann es ganz praktisch erleben. Monatelang muss sie – wie alle Freiwilligen bei LIFEGATE – mit gepackten Koffern leben. Damit rechnen, dass es aus Sicherheitsgründen innerhalb von vierundzwanzig Stunden zurück nach Deutschland geht. Sie bekommt eine Gasmaske ausgehändigt. Muss lernen, damit umzugehen.

In Jerusalem kommt Christine in diesen Tagen mit einem Israeli ins Gespräch über den angekündigten Giftgasangriff Saddams. „Wieder wird Gas aus Deutschland gegen uns Juden eingesetzt", kommentiert der ältere Herr.

Christine ist erschüttert. Auf palästinensischer Seite erzählt man ihr wenig später freudestrahlend: „Jetzt kriegen die Juden es ab. Saddam ist wie ein neuer Hitler."

Verstörende Äußerungen. Eine bedrohliche Lage. Doch Christine bleibt. Kauft für ihre Wohngruppe stets in den frühen Morgenstunden ein, weil Attentate und Angriffe eher in der Mittagszeit oder abends zu befürchten sind. Und berichtet mir Jahrzehnte später: „Eigentlich habe ich mich immer sicher gefühlt!"

Die Ängste und Sorgen beider Seiten will sie wahrnehmen. Will Verständnis haben. Aber auch Einspruch erheben, wenn Israelis und Palästinenser jeweils nur ihre Sicht der Dinge für richtig halten und die andere Seite verdammen. „Gerade als Deutsche sollten wir uns der Geschichte unseres Volkes stellen", meint Christine. „Damit wir aus der Geschichte lernen und sich diese Geschichte nicht wiederholen muss."

Die Jahre im Heiligen Land, die Arbeit in Beit Jala, die vielfältigen Kontakte zu Israelis und Palästinensern haben Christine verändert. „Diese Zeit war die intensivste meines Lebens", berichtet sie mir fast drei Jahrzehnte später: das Erleben von Bedrohung und Krieg. Das Kennenlernen fremder Kulturen. Von Menschen, die einander in fest gefügten Blöcken gegenüberstehen. Die so ganz anders leben, denken und handeln als sie selbst.

Ganz bewusst entscheidet sich Christine Träger dafür, kleine Brücken zwischen den verhärteten Fronten zu bauen. Fährt immer mal wieder mit einigen palästinensischen LIFE-GATE-Schützlingen in den jüdisch geprägten Teil Jerusalems. Besucht dort bewusst die Ben-Jehuda-Straße, eine bei Israelis und Touristen beliebte Fußgängerzone mit Cafés, Lokalen, Szenetreffs. Wird mit ihrer kleinen Gruppe misstrauisch beäugt. Und spürt auch die Unsicherheit und das Misstrauen ihrer Schützlinge.

Doch manchmal kommt etwas spürbar in Bewegung: Man gewöhnt sich aneinander. Sitzt nebeneinander im Café. Plaudert. Lernt sich kennen. Stellt fest: Auch Israelis sind Menschen. Ein kleiner Schritt in Richtung Normalität.

Überhaupt sind es diese kleinen Schritte, die Christine in der Rückschau besonders hervorhebt.

Und dafür ist gerade Asma ein hervorragendes Beispiel.

Die körperbehinderte junge Palästinenserin ist ein Pflegefall, als Christine sie kennenlernt. Asma muss in einem Bett auf Rollen liegen. Niemand hat ihr je beigebracht, etwas Sinnvolles zu tun. Christine zeigt ihr, wie sie von ihrem Bett aus den Boden der gemeinsamen Küche wischen kann. „Jeder soll mithelfen, nach seinen Möglichkeiten", erklärt Christine Träger.

Asma protestiert erst. Und hilft dann mit. In ihrem Tempo. Nach ihren Möglichkeiten. Spürt nach und nach: Es tut ihr gut, gefordert zu werden.

Irgendwann ist Asma bereit für den nächsten Schritt. Sie lernt, in einem Rollstuhl zu sitzen. Mithilfe eines speziell für sie konstruierten Stuhls kann sie duschen. Erst mit Hilfestellung. Schließlich ganz allein.

„Schritt für Schritt ist Asma selbstständig geworden", schwärmt Christine Träger. „Eines Tages hat Asma mir gesagt: ‚Meine eigenen Leute haben mich in die Ecke geschoben und mich verkümmern lassen. Ihr seid extra aus Deutschland hierhergekommen, um mir zu helfen. Danke.'"

Als Christine mir das erzählt, klingt sie, als müsse sie mit den Tränen kämpfen. Nach einer kurzen Pause fährt sie fort: „Asma kann heute nähen, sticken und stricken. Sie kann von dem leben, was sie mit dem Verkauf ihrer Produkte verdient. In ihrer Freizeit spielt sie Rollstuhlbasketball. Und sie braust mit einem Elektroscooter durch die Stadt. Ich freue mich so sehr darüber, dass sie so selbstständig leben kann!"

Christine Träger arbeitet heute als Fachlehrerin für Sonderpädagogik in einer Einrichtung für gehörlose und hörgeschädigte Menschen in Heilbronn. Ehrenamtlich engagiert sie sich für LIFEGATE. Organisiert u. a. seit zwei Jahrzehnten den LIFEGATE-Stand bei Evangelischen Kirchentagen. Erlebt bis heute staunend mit, was geschehen kann, wenn Menschen von einer Idee begeistert sind und dann ihre unterschiedlichen Gaben für diese Idee einbringen. Nicht nur Asmas Leben hat sich durch LIFEGATE komplett verändert.

Auch Michael Müller übt heute einen Beruf aus, auf den ihn seine LIFEGATE-Erfahrungen vorbereitet haben.

Michael ist bereits ausgebildeter Krankenpfleger, als er 1989 in Beit Jala landet. Zum ersten Mal verlässt er seine Heimat in Friedrichshafen am Bodensee. Will während des Zivildienstes die Welt erkunden. Und landet ausgerechnet bei LIFEGATE.

„Reiner Zufall", erzählt er mir. Und dann gesteht er ein, wie sehr ihn in den ersten Wochen das Heimweh nach der schönen Heimat am See plagte. Kein Wunder: Michael betreut gemeinsam mit einem palästinensischen LIFEGATE-Mitarbeiter eine Wohngemeinschaft von jungen körperbehinderten Männern. Er ist dort der Einzige, der nicht arabisch spricht. Und sein Realschul-Englisch ist ihm in dieser WG auch keine große Hilfe.

Doch Michael nimmt die Herausforderung an. Paukt Englisch. Kann sich allmählich auf Arabisch verständigen. Und staunt immer mehr darüber, mit welch patenten Jungs er zusammenlebt: „Der eine konnte nicht richtig laufen, der andere hatte verkrüppelte Gliedmaßen – aber fast alle waren hochintelligent, witzig, kreativ. Ich hab bald vergessen, dass die ‚behindert‘ waren – und konnte eine Menge von ihnen lernen." Kochen zum Beispiel, schwärmt Michael Müller.

Mehr noch als die arabische Küche prägt die Erfahrung der politischen Lage sein weiteres Leben. Achtzehn Monate lange erlebt er Gegensätze zwischen arm und reich. Erlebt eine „Rivalität der Religionen", wie er es empfindet. Erlebt schwierige politische und wirtschaftliche Bedingungen. Erlebt Gewalt, Hass und Unversöhnlichkeit. Und Menschen, die darunter zu leiden haben.

Michael Müller beschließt: In seinem weiteren Berufsleben möchte er nicht nur danach schauen, dass es ihm gut geht. Sondern auf schwächere Menschen achten, die Hilfe brauchen. „Christen würden das wohl ‚Nächstenliebe‘ nennen", schmunzelt er.

Zurück in Deutschland macht Michael sein Abitur nach. Studiert Volkswirtschaft. Startet eine Karriere im Sozialmanagement. Heute ist Michael Müller Geschäftsführer einer großen Stiftung in Frankfurt/Main. Organisiert dort Hilfsmöglichkeiten für junge Leute in schwierigen Verhältnissen, für Allein-erziehende und ihre Kinder.

Nach Feierabend engagiert er sich bei LIFEGATE. Bis heu-te, achtundzwanzig Jahre nach seinem Zivildienst. Seit Jahren arbeitet er verantwortlich im Vorstand des deutschen Förder-vereins mit.

Er möchte seinen Beitrag dazu leisten, dass LIFEGATE sich weiterentwickeln kann. Und dabei seine Fachkenntnis einbrin-gen: „Wir müssten uns hier in Deutschland etwas professio-neller aufstellen", meint er. „Verwaltung, Management, Fund-raising – all das liegt heute in der Hand von Ehrenamtlichen. Aber kann LIFEGATE so in die Zukunft gehen? LIFEGATE ist inzwischen eine so attraktive Adresse, ich habe keinen Zwei-fel daran, dass sich unser Laden gut weiterentwickeln wird", kommentiert Michael Müller. Und dabei klingt der Manager durch.

Dass wirtschaftliches Denken und Leitung eines auf Spenden angewiesenen Werks manchmal nicht so einfach zusammenzu-kriegen sind, lässt er auch durchblicken. So manche Reibungs-punkte habe es während der Jahre gegeben, zwischen Burghard Schunkert und ihm.

„Burghard hat ein riesiges Gottvertrauen, gerade auch in Krisenzeiten, in denen uns das Geld für bestimmte Projekte fehlte", erinnert sich Michael Müller. Oft habe er Burghard dann gebremst. Gewarnt. Gemahnt, vorsichtiger, vernünftiger zu planen. „Doch es kam nicht zum Crash. Burghards Gott-vertrauen wurde nie enttäuscht", lacht Michael Müller.

Ich spüre: Wie Christine Träger und Hendrik Denker ist Michael Müller durch und durch begeistert von LIFEGATE. Und dankbar für das, was durch diese Einrichtung in sein Le-ben kam.

Hendrik Denker arbeitet heute übrigens als Stellvertretender Referatsleiter im Entwicklungshilfeministerium. Dort beschäftigt er sich speziell mit Afrika. Seine LIFEGATE-Erfahrungen kommen ihm hier sehr zugute. Bis heute arbeitet auch er im Verein mit.

Und auch das Heilige Land hat ihn nicht losgelassen. Für ihn, seine Frau und die drei Kinder ist es Urlaubsland Nummer 1. Wenn Familie Denker dort alle zwei, drei Jahre Urlaub macht, dann weiß Hendrik schon, wo seine Kinder auf jeden Fall ein paar Ferientage verbringen wollen: In „seinem" Paradies – in Tabgha. Am See Genezareth.

Kapitel 12

Laubhüttenfest auf Jesu Spuren

Wo sich behinderte Menschen aus Israel
und den Palästinensergebieten kennen und schätzen lernen

Was für ein merkwürdiges Gerüst hat man denn da in den
Garten gestellt?

Das Foto, das ich vor mir liegen habe, ist wie ein Bilderrätsel. Da ragen einige Stangen senkrecht nach oben. Andere sind
waagerecht daran befestigt. Was soll das denn werden, wenn es
fertig ist? Ein improvisiertes Partyzelt? Ein Carport als Unterstand fürs geliebte Auto? Oder vielleicht eine Art Gartenhütte?

„Hütte"! – Genau bei diesem Stichwort fällt bei mir der
Groschen. Hier im Garten von „Beit Noah" (den ich auf dem
Foto vor mir sehe und von etlichen Besuchen her gut kenne), hier wird gerade eine waschechte „Laubhütte" vorbereitet. Hier soll offensichtlich bald das Laubhüttenfest gefeiert
werden. So, wie es schon im 5. Buch Mose (Kapitel 16,13-15)
vorgeschrieben ist: „Das Laubhüttenfest sollst du halten sieben
Tage, wenn du eingesammelt hast von deiner Tenne und von
deiner Kelter. Du sollst fröhlich sein an deinem Fest, du und
dein Sohn, deine Tochter, dein Knecht, deine Magd, der Levit,

der Fremdling, die Waise und die Witwe, die in deiner Stadt sind. (...) Denn der Herr, dein Gott, wird dich segnen in deiner ganzen Ernte und in allen Werken deiner Hände, darum sollst du fröhlich sein."

Ein fröhliches Erntedankfest also. Ich muss gestehen: Auch wenn ich schon sehr häufig in Israel war: Ein Laubhüttenfest habe ich noch nicht miterlebt. Im Herbst, wenn es gefeiert wird, war ich noch nie in der Gegend. Schade eigentlich. Ich habe mir sagen lassen, dass vor allem Kinder viel Freude an diesem Fest haben.

Die ganze Familie dankt Gott dabei für die Ernte. Man freut sich gemeinsam an den Gaben, die Gott auf den Feldern und im Garten hat wachsen lassen. Und man tut das, indem man einfache Hütten baut aus Zweigen, Ästen, Blättern, Schilf und anderen Naturmaterialien. Auf dem flachen Hausdach, auf einem Hof, auf dem Parkplatz. Oder eben – wie auf dem Foto vor mir – in einem Garten. Eine eindrückliche Erinnerung an das, was das Volk Israel vor Jahrtausenden in der Wüste erlebte. Wer in der Laubhütte sitzt, denkt an die provisorischen Unterkünfte auf dem langen Weg hin zum verheißenen Land.

Eine solche Hütte errichtet eine jüdische Familie gemeinsam vor dem Laubhüttenfest (auf gut Hebräisch heißt das Fest übrigens „Sukkot"). Während der Festwoche wird in der Hütte gegessen, gebetet, gedankt, geredet und gelacht. Und manch besonders fromme jüdische Familie übernachtet sogar in der Hütte.

So, damit ist meine etwas dumme Frage vom Anfang beantwortet. Ich verstehe jetzt, was ich auf dem Foto vor mir sehe: Im Garten von Tabgha am nördlichen Ufer das Sees Genezareth wird also gerade das Laubhüttenfest vorbereitet. Eine Feier an einem besonderen Ort.

Tabgha liegt wenige hundert Meter Luftlinie unterhalb des „Bergs der Seligpreisungen". Dort oben erinnern sich viele Israelpilger an die eindrucksvolle Rede, die Jesus auf einem der Hügel am See Genezareth gehalten hat. Mancher der Reisenden auf den Spuren Jesu spaziert dann eine gute halbe Stunde den Hügel abwärts. Bis er in der schlichten, geschmackvoll gestalteten „Brotvermehrungskirche" in Tabgha landet. Hier denken Benediktinermönche daran, dass Jesus in der Gegend gepredigt hat. Und dass er den Hunger vieler Menschen stillte. Die Brotvermehrungskirche ist ein eindrucksvoller Ort. Für mich ein „Muss" bei fast jedem Besuch in Israel.

Ein paar Meter hinter dieser berühmten Kirche, abgetrennt nur durch einen niedrigen Gartenzaun und etwas Grün, haben die Benediktiner eine Oase geschaffen. Hier steht das „Beit Noah", zu Deutsch: das Haus Noahs.

So wie Noahs Arche Platz bot für unterschiedliche Geschöpfe Gottes, bietet heute das Beit Noah Platz für unterschiedliche Menschen. Ein Freizeitheim ist es. Eine Begegnungsstätte. Ein Erholungsort. Den besonderen Charakter des Hauses beschreiben die Benediktiner auf ihrer Homepage so:

„Schon zu Jesu Zeiten war die Gegend um das heutige Tabgha ein Platz zum Ausruhen und Rasten – für Jesus selbst, seine Jünger und die vielen Menschen, die ihnen hierher gefolgt waren. Jesus nahm sich ihres Hungers an Leib und Seele, ihrer Wunden und Krankheiten an. Er sprach zu ihnen, heilte sie, sättigte sie. Jesu Hinwendung zu den Menschen ist auch unserer Klosterfamilie in Tabgha Vorbild und Aufgabe. Besonders Menschen, die Wunden aus dem misslungenen Miteinander und gewaltsamen Gegeneinander von Menschen davongetragen haben, kommen zu uns nach Tabgha."

Ein wichtiges Anliegen in dieser speziellen Gegend der Welt: Im Beit Noah können sich Kinder und Jugendliche erholen, die im Konflikt zwischen Israel und den Palästinensern verwundet wurden. Und genauso auch Kinder und Jugendliche mit geistigen oder körperlichen Handicaps. Die in ganz Israel einzigartige Begegnungsstätte lädt gerade auch „gemischte" Gruppen ein: Gruppen, die aus jungen Israelis *und* jungen Palästinensern bestehen.

Zwischen dem Beit Noah und dem nahe gelegenen See Genezareth ist ein wunderschöner Garten angelegt. Einfach idyllisch. Und besonders erholsam für Menschen mit Handicaps. Denn Beit Noah ist eins der wenigen Gebäude im Land, in dem Rollstuhlfahrer gut zurechtkommen können. Und gleich neben dem Haus wartet eine ganz besondere Attraktion für Menschen mit Behinderungen: ein liebevoll eingerichteter „inklusiver" Spielplatz mit Schaukeln auch für Rollifahrer. Mit besonders gestalteten Spielgeräten. Mit einem weichen Spezialboden, der vor Verletzungen schützt. Neben diesem Spielplatz, in dieser traumhaften Umgebung also, steht das Gerüst, das ich auf dem Foto sehe. Jedes Jahr wird es neu aufgebaut. Denn hier wird regelmäßig das Laubhüttenfest gefeiert. Von einer ziemlich ungewöhnlichen Festgesellschaft.

Ich sitze zusammen mit den verantwortlichen Mitarbeitern dieses Festes. Vor ein paar Wochen – Ende September 2018 – waren sie das letzte Mal gemeinsam im Beit Noah. Bevor sie jetzt die nächsten Treffen dieser Art planen, nehmen sie sich Zeit für mich und meine Fragen. Und erklären mir gleich mal, welch unterschiedliche Gruppen bei dem Fest zusammenkommen:

Einerseits reist eine Gruppe jüdischer Israelis aus „Kfar Tikva" an. Kfar Tikva, ein kleiner Ort mit einem großen Namen:

„Dorf der Hoffnung". 1964 gegründet von Einwanderern aus Deutschland. In der fruchtbaren Jesreel-Ebene, eine halbe Stunde östlich von Nazareth. In Kfar Tikva sollen Menschen trotz mancherlei Einschränkungen offen, unabhängig und frei leben können, erfahre ich. Jede Bewohnerin und jeder Bewohner soll sich entfalten können. Mit seinen Fähigkeiten und Möglichkeiten, aber auch mit Behinderungen und Einschränkungen aller Art. Mehr als zweihundert Bewohner hat Kfar Tikva. Sie alle genießen ein hohes Maß an Unabhängigkeit und Freiheit, unterstützt von engagierten Sozialarbeitern, Therapeuten und freiwilligen Helfern.

Je nach ihren Möglichkeiten packen die Bewohner zu. Arbeiten vormittags mit in Küche, Bäckerei, Speisesaal oder einer der Werkstätten: Kfar Tikva produziert und verkauft Brot und Backwaren. Bietet besondere Weinsorten und Olivenöl an. Kann sich weitgehend selbst versorgen. Jeden Nachmittag ist dann Zeit für kreative Beschäftigungen aller Art, für Spiele, Tanz, Musik, Gesang.

Kfar Tikva ist ein Vorzeigeprojekt in Israel. Eine offene Gemeinschaft, in der jeder willkommen ist. Und weil die Gemeinschaft wirklich offen ist, sucht sie seit einigen Jahren ganz regelmäßig Kontakte mit Menschen von der anderen Seite der „Grenze". Und für eben solche Kontakte ist das Beit Noah eine Toppadresse.

Aus ersten vorsichtigen Kontakten ist in den letzten Jahren eine dicke Freundschaft entstanden. Eine Freundschaft zwischen Kfar Tikva aus Israel – und LIFEGATE aus Beit Jala im palästinensischen Autonomiegebiet. Diese beiden Organisationen treffen sich Jahr für Jahr im Beit Noah. Zum Laubhüttenfest.

Moment mal – das schreibt sich so leicht! Aber das ist so schwer vorstellbar in diesem zweigeteilten Land. Das muss ich mir einen Augenblick lang auf der Zunge zergehen lassen.

Doch bevor ich noch Worte finden könnte für das außergewöhnliche Ereignis, drückt Rebecca Levy genau das aus, was mir gerade durch den Kopf geht. Rebecca gehört zu den Verantwortlichen in Kfar Tikva. Ihre Botschaft trifft den Punkt: „Stell dir vor: Eine Gruppe von Juden aus Kfar Tikva trifft sich an einem besonderen christlichen Ort mit einer Gruppe junger Muslime aus Beit Jala. Und was tun sie gemeinsam? Sie feiern das jüdische Laubhüttenfest. Ist doch super, oder?"

Ich nicke und staune. Außer Rebecca sitzen in der Runde noch Sozialarbeiterin Einar Sarig, Moshik Gross, der Direktor von Kfar Tikva, und Eran Natan, der das Projekt „Laubhüttenfest" koordiniert. Lauter engagierte Mitarbeiter von Kfar Tikva, die mich für ihr Anliegen begeistern wollen. Sie erzählen mir gerne von dem besonderen Fest. Nicht zu übersehen, dass dabei ihre Augen strahlen.

Eran hat schon mehrere dieser Begegnungs-Feste miterlebt und berichtet: „Wir sind seit einigen Jahren immer in den Sukkot-Ferien zusammen in Tabgha. Ein paar Tage nur. Aber Tage, in denen wir eine wertvolle gemeinsame Zeit erleben. Am ersten Abend bauen wir zusammen eine Laubhütte. Am zweiten Abend sitzen wir dann in der Hütte zusammen. Wir essen und singen und feiern und haben eine Menge Spaß. Und wir Juden erklären dann den Muslimen und den Christen den Sinn dieses Festes."

Ich überlege: Wie stand das noch in der Anweisung im 5. Buch Mose? Der „Fremdling" soll auch mitfeiern. Denn Dank für erfolgreiche Ernten, geteilte Freude und gemeinsame Erinnerung daran, dass unser Leben auf dieser Welt nur „vorläufig" ist – all das ist ja wertvoll für Menschen aus allen Religionen. Davon hören, darüber sprechen, das erleben Rollifahrer aus Kfar Tikva gemeinsam mit geistig behinderten Jugendlichen aus Beit Jala, Autisten aus Israel mit Downies aus den Palästinensergebieten. Rund 40 Menschen insgesamt gehören jeweils zur „Festfamilie". Auf jeder Seite eine Handvoll Mitarbeiter und jeweils etwa 15 Menschen mit speziellen Handicaps.

Eran, Rebecca und Einar berichten lebendig vom letzten Laubhüttenfest im September 2018. Vom ersten zögerlichen Kennenlernen. Von den Spielen, bei denen das Eis brach. Vom Basteln, Lachen, Essen und Tanzen. Bis in die späten Abendstunden hinein ging es rund. Am Lagerfeuer, im Pool und eben in der Laubhütte.

Niemand von meinen Berichterstattern verschließt die Augen vor der komplizierten Wirklichkeit des Landes. Jeder kennt die tiefen Gräben, die Vorurteile, die Ungerechtigkeiten, den Hass, die Gewalt. Und doch schwärmen sie mir vor von der Gemeinschaft im Beit Noah. Erzählen davon, wie unterschiedliche Herkunft, Religion, Altersgruppe, Sprache oder Behinderung kein Hindernis mehr waren. Wie Mitglieder beider Gruppen ohne Krampf fröhlich aufeinander zugingen. Wie man einander kennen- und schätzenlernte. Und eine sehr intensive gemeinsame Zeit erlebte.

Ich kann so viel Harmonie kaum fassen und hake deshalb noch mal kritisch bei Burghard Schunkert nach, der mit am Tisch sitzt: Ob denn die Muslime, die er nach Beit Noah mitbringt, sich nicht dagegen wehren, mit Juden zusammen ausgerechnet ein jüdisches Fest zu feiern, will ich wissen.

Er schüttelt den Kopf. „Im Gegenteil. Die Vorfreude auf diese gemeinsamen Tage ist jedes Mal riesengroß. Bei den Treffen hat es noch nie einen Konflikt gegeben. Niemand hat je ein negatives Wort über die andere Seite verloren. Die Begegnung in diesem besonderen Rahmen ist für uns alle sehr wertvoll. Wir wollen dabei ganz bewusst über den Zaun schauen. Über die Mauer und über die unsichtbaren Grenzen hinweg, die dieses Land durchziehen."

Eran ergänzt. Für seine israelische Gruppe sei ein Ausflug nach Tabgha eigentlich nichts Besonderes. Eine knappe Stunde nur sei man mit dem Auto unterwegs. Aber fast jedes Mal habe es Probleme gegeben mit der Einreisegenehmigung für die palästinensische LIFEGATE-Gruppe. Manchmal sei die Genehmigung erst am Abend vor der geplanten Begegnung eingetroffen. „Als unsere Leute das mitbekommen haben, waren sie schockiert", berichtet Eran. „Sie hatten einfach keine Ahnung davon, wie schwer es für Palästinenser sein kann, von Beit Jala aus nach Tabgha zu gelangen." Zweihundert Kilometer Fahrtstrecke nur – aber eine ganz andere Welt hinter einer oft unüberwindlichen Grenze. Manche Israelis aus Kfar Tikva erleben zum ersten Mal so hautnah, welche Schwierigkeiten ihre neuen palästinensischen Freunde aus Beit Jala bei Ausflügen haben.

Einar schaltet sich in unser Gespräch ein. Die Sozialarbeiterin hat bisher geschwiegen. Jetzt aber brennt ihr ein Anliegen unter den Nägeln: „Bei unserer Begegnung geht's nicht um Politik", wirft sie ein. „Wir lösen in Tabgha keinen Konflikt. Wir wollen, dass sich Persönlichkeiten von beiden Seiten begegnen können. Unsere Bewohner von Kfar Tikva sind dafür sehr offen. Sie interessieren sich für die jungen Palästinenser aus Beit Jala. Sie wollen sie treffen und sie wirklich kennenlernen."

Burghard Schunkert bestätigt diese Aussage auch für die Gruppe, die er nach Tabgha begleitet: „Der politische Konflikt zwischen Israelis und Palästinensern reißt unser Land in zwei Teile", erklärt Burghard. „In viele Kinderherzen wird dieser Konflikt ganz tief hineingepflanzt. Die Vorurteile werden dann noch durch manche Aktionen des jeweiligen ‚Feindes' bestätigt. Wir können nur versuchen, beide Seiten zusammenzubringen, zum Beispiel in Tabgha. Ganz häufig sagen danach Israelis wie Palästinenser erstaunt: ‚Die anderen sind ja genauso Menschen wie wir auch!'"

Für die LIFEGATE-Familie – Mitarbeiter wie Betroffene – sei das Laubhüttenfest in Tabgha jeweils einer der Höhepunkte des gesamten Jahres. Eine gute Tradition, die man trotz der oft auftretenden bürokratischen Hindernisse unbedingt weiterführen werde.

Und künftig will man sich nicht mehr nur einmal im Jahr treffen, sondern öfter. Mit dieser überraschenden Botschaft ist das Kfar-Tikva-Team angereist. Gleich nach unserem Gespräch werden sich die Verantwortlichen von Kfar Tikva gemeinsam mit denen von LIFEGATE zurückziehen und in die konkrete Planung gehen. Zwei bis drei Begegnungen pro Jahr könnten es werden, munkelt man.

„Wir bleiben dran und entwickeln das gute Projekt gemeinsam weiter", erklärt mir Eran. „Eines Tages sind wir hoffentlich so weit, dass wir gemeinsam auch den Ramadan feiern können. Auch dabei wollen wir lernen, einander zu verstehen. Wir sind seit einigen Jahren gemeinsam mit LIFEGATE unterwegs. Ich bin sehr gespannt, was sich noch aus unserer Freundschaft heraus weiterentwickeln wird."

Stark, finde ich. Und nehme mir ganz im Stillen vor: Irgendwann fliege ich mal im Herbst nach Israel. Und erlebe ein solches Laubhüttenfest mit. In Tabgha. Am See Genezareth.

Kapitel 13

Der Junge auf dem Rollbrett

Faheds Weg ins Leben, Szene 3
(Januar 1996)

Endlich wählen dürfen. Die Stimme abgeben. Mitentscheiden.
 Einen eigenen Staat haben die Palästinenser zwar (noch)
nicht. Aber zum ersten Mal in ihrer Geschichte dürfen sie de-
mokratisch darüber entscheiden, wer sie künftig vertreten soll.
Ein denkwürdiger Tag für die gesamte Bevölkerung im Westjordanland und im Gaza-Streifen.

Unter den Wahlberechtigten ist auch Fahed, der Schuster. Inzwischen lebt er in einer LIFEGATE-Wohngemeinschaft in Beit
Jala. Er zahlt aus eigener Tasche für das Zimmer, er kann es sich
leisten. Unterstützung von LIFEGATE braucht er weiterhin. Jeden Morgen schieben ihn zwei Freiwillige zu seiner Werkstatt.
Die liegt dummerweise an einer steilen Treppe. Zwanzig Stufen hoch müssen je zwei junge Männer aus Deutschland Fahed
in seinem Rollstuhl nach oben schleppen. Schwere Arbeit.
 Aber eine „Hilfe zur Selbsthilfe", die sich lohnt. Denn Faheds
kleiner Schuhmacher-Stand auf dem Markt von Beit Jala läuft

gut. Es hat sich schnell herumgesprochen: Hier werden nicht nur Schuhe repariert, hier gibt's auch immer was zu lachen. Fahed bedient seine Kundinnen und Kunden stets freundlich. Er hat immer einen Witz parat. Er versteht sein Handwerk und macht gute Preise. Und auf diese Weise gute Geschäfte.

Eine kleine Erfolgsgeschichte. Natürlich braucht Fahed dazu anfangs Unterstützung von LIFEGATE. Aber immer mehr übernimmt er selbst Verantwortung für sein Leben. Nicht nur als selbstständiger Handwerker. Sondern bald auch als eine Art Hausvater und Hausmeister in dem Haus, in dem er wohnt.

Heute kann er noch mehr Verantwortung übernehmen. Natürlich tritt er an, um sein Wahlrecht auszuüben. Fahed, der einst von seinem Vater „abgeschoben" werden sollte, lässt sich mit stolzgeschwellter Brust im Rollstuhl bis in die Wahlkabine schieben. Sein Freund Hendrik, einer der jungen Freiwilligen aus Deutschland, darf Fahed an diesem Tag begleiten. Und miterleben, wie Fahed feierlich die Stimme abgibt. Bei der ersten palästinensischen Wahl auf nationaler Ebene. Einem politischen Akt, der große Hoffnungen ausgelöst. Bei Fahed. Bei den meisten Palästinensern.

Fahed hat nie lesen und schreiben gelernt. Lange blieb er als „halbe Portion" vom richtigen Leben abgeschnitten. Aber heute zählt seine Stimme. Für ihn ist es eine unfassbare Ehre, seinen Präsidenten wählen zu dürfen. Auch wenn die Palästinenser-Präsidenten (erst Jassir Arafat, später Mahmud Abbas) ihren Wählern nur sehr wenige ihrer Versprechen werden erfüllen können. Auch wenn der Weg zu Frieden und Versöhnung heute weiter scheint denn je.

Fahed darf wählen. Welch eine Ehre! Selbstverständlich gibt er gerne seine Stimme ab. Und lacht dabei.

Kapitel 14

Audienz mit Arafat

Wie LIFEGATE in kleinen Schritten
in die Gesellschaft hineinwirkt

„Seien Sie herzlich willkommen in Beit Jala." Bürgermeister
Nicola Khamis begrüßt uns mit orientalischer Gastfreundschaft in seinem Amtssitz. Khamis ist ein freundlicher Herr
um die sechzig. Kein Haar auf dem Kopf, dafür ein breiter
Schnurrbart. Und ein gewinnendes Lächeln.

Herzlich willkommen, das drückt er nicht nur mit Worten
aus. Er lässt starken arabischen Kaffee servieren. Später folgt
ein aromatischer Tee. Vom ersten Augenblick an ist zu spüren:
Der Mann freut sich tatsächlich, dass wir ihn hier in seinem
Bürgermeisterbüro besuchen.

Eigentlich beste Voraussetzungen also für eine gute Ge-
sprächsatmosphäre von Anfang an. Irritierend nur für mich:
Das Büro des Kommunalpolitikers wird von einem großen
Foto dominiert, dass Jassir Arafat zeigt. In Lebensgröße. Der
frühere Freiheitskämpfer, Terrorist, Politiker, Präsident der palästinensischen Autonomie und Friedensnobelpreisträger ist
stets präsent. Eine schillernde Gestalt, die für mein Empfinden

so gar nicht zu dem angenehmen Kommunalpolitiker passen will.

Als unser Interview beginnt, tut Bürgermeister Khamis das, was alle Bürgermeister dieser Welt zuerst tun: Er preist sein Städtchen.

Neunzehntausend Einwohner habe Beit Jala zurzeit, führt er routiniert aus. Fast alle von denen zahlten pünktlich ihre Steuern. Die Stadtverwaltung bleibe auch nicht auf den Kosten für Strom und Wasser sitzen. In den Dörfern und Städten der palästinensischen Autonomie scheint das alles andere als normal zu sein, höre ich zwischen den Zeilen.

Khamis schwärmt weiter: Beit Jala sei eine der saubersten Städte weit und breit. Und sie sei stolz darauf, lebendige Partnerschaften mit gleich zwei deutschen Städten zu pflegen: mit Jena in Thüringen und mit Bergisch-Gladbach in Nordrhein-Westfalen. Er freue sich außerordentlich, mich heute begrüßen zu dürfen. Denn die deutschen Leserinnen und Leser meines Buchs sollten unbedingt mehr erfahren über Beit Jala. Und über die wertvolle Arbeit, die LIFEGATE hier tut.

Ich weiß, dieser Bürgermeister kämpft dagegen, dass immer mehr Bewohner seiner Stadt den Rücken kehren. Allein in verschiedenen Ländern Südamerikas sollen mehrere Zehntausend Menschen leben, die alle aus Beit Jala stammen. Gerade gut ausgebildete Christen zieht es in die Ferne – sie sehen hier wenig Zukunftschancen für sich. Die israelische Besatzung einerseits und die steigende Islamisierung in ihrer eigenen Gesellschaft andererseits machen ihnen das Leben schwer. Nicola Khamis gehört zur griechisch-orthodoxen Kirche. Er weiß genau, welche Gedanken die Menschen im Kopf haben, die auswandern wollen. Und ich vermute, dass er sie recht gut verstehen kann. Vielleicht sollte ich zum Einstieg erst mal ein leichteres Thema wählen.

Wie viele Einwohner seiner Stadt haben denn die eine oder andere Behinderung?, frage ich. Und spüre sofort, dass die Antwort auf diese Frage für den Bürgermeister auch knifflig ist. Er holt aus: Die meisten Menschen hier in Beit Jala verfügten über eine gute Schulbildung, sagt er. Sie wüssten von dem Risiko von Erbkrankheiten. Wüssten von den Gefahren, wenn Cousins und Cousinen innerhalb der Großfamilie heirateten und Kinder kriegten. Und deswegen lasse heutzutage jede Familie in Beit Jala einen Bluttest machen, bevor die Kinder verheiratet würden. Hier in der Stadt sei es ja nicht wie auf manchen Dörfern in der Gegend, wo körperliche und geistige Behinderungen überdurchschnittlich häufig vorkämen. Sagt der Bürgermeister.

Der weicht mir aus, denke ich noch. Doch er holt nur kurz Luft. Und macht dann einen großen Schritt auf mich zu: „Wir haben hier in der Stadt trotzdem viele Menschen mit Behinderungen. Und denen wollen wir helfen. Früher haben die Leute bei uns gedacht: Eine Behinderung ist eine Schande. Das ist heute bei vielen nicht mehr so. Stellen Sie sich vor, vor fünfzehn Jahren hat meine Schwester mich angerufen. Sie hat geweint und gesagt: ‚Meine Tochter ist mit einer Behinderung zur Welt gekommen.' Sie war völlig verzweifelt. Aber dann haben wir gemeinsam einen Weg gesucht und gefunden. Heute besucht das Mädchen trotz ihrer Behinderung eine Schule. Sie braucht dabei Unterstützung, aber das lässt sich machen."

Ich spüre: Dieser Mann weiß aus eigener Erfahrung, worüber ich mit ihm reden möchte. Und genau deshalb ist er so froh darüber, dass Burghard Schunkert und seine Leute gerade hier in Beit Jala arbeiten. „LIFEGATE ist eine der wichtigsten Hilfsorganisationen in unserer Stadt", lobt Khamis. Und es klingt in meinen Ohren fast so, als sei dieser Satz eine Antwort auf meine nicht gestellte Frage, was er denn gegen die drohende Abwanderung tun könne.

Wie genau das aussehen kann, das haben mir schon zwei engagierte Frauen ganz praktisch erklärt. Ich habe sie im LIFEGATE-Zentrum kennengelernt. Sie setzen sich leidenschaftlich ein für „Inklusion" und wollen die palästinensische Gesellschaft dafür gewinnen. Inklusion, zu Deutsch also: Kinder mit einem Handicap besuchen die Schule gemeinsam mit Kindern ohne Behinderung. Mit ausreichender Unterstützung ein Gewinn für alle Beteiligten. In Deutschland und Europa seit Jahren diskutiert, kritisiert, praktiziert oder im Aufbau begriffen. Im Westjordanland nur in winzigen Ansätzen lebendig.

Wenn da nicht LIFEGATE wäre. Und wenn es nicht Frauen gäbe wie Bushara und Rasha, mit vollem klangvollem Namen: Bushara Izzot Al-Badawi und Rasha Elias Abu-Qita.

Beide sind etwa Mitte dreißig. Rasha leitet die LIFEGATE-Schule. Bushara ist Pädagogik-Dozentin an einer Universität. Weil zwei ihrer Kinder mit Behinderungen zur Welt gekommen sind, hat sie engen Kontakt zu LIFEGATE. Und setzt sich dort heute gemeinsam mit Rasha für Inklusion ein. Ein Einsatz auch für die Zukunft der Familien, aus denen diese Kinder stammen.

Seit zehn Jahren bereits arbeite man daran, erzählt mir die selbstsichere Bushara mit dem Hijab (dem Kopftuch, das nur das Gesicht freilässt). Ich spüre schnell, dass „Inklusion" hierzulande eine lange Ochsentour erfordert. Ohne Engelsgeduld und ohne eine kräftige Portion Hartnäckigkeit scheint gar nichts zu gehen.

Ein erster Schritt war bei LIFEGATE eine Art „Inklusion verkehrt herum": Dazu lädt LIFEGATE immer wieder Klassen aus

„normalen" Schulen ein. Gemeinsam spielen, lachen und lernen behinderte und nichtbehinderte Kinder. Vorurteile fallen. Freundschaften entstehen. Und ganz langsam verändert sich etwas in der Einstellung der „normalen" Kinder, ihrer Eltern und ihrer Lehrerinnen und Lehrer.

Nach vielen guten Erfahrungen folgt ein großer nächster Schritt: Jetzt werden einige LIFEGATE-Kinder auf „normale" Schulen begleitet.

Stand heute: Sechs Kinder mit Behinderungen können zeitweise eine öffentliche oder eine private Schule besuchen. Grundschüler zwischen sieben und zwölf Jahren. Autisten zum Beispiel. Und Kinder mit unterschiedlichen körperlichen Einschränkungen. Manche von ihnen nur einzelne Tage. Andere regelmäßig zwei Tage in der Woche. Gemeinsam mit den Lehrern der Schulen wählen Bushara und Rasha sorgfältig aus.

Wie das vor sich geht, berichtet mir Lehrerin Rasha, eine Frau mit schmalem Gesicht, umrahmt von einem wilden Lockenkopf: LIFEGATE-Kinder kämen nur dann für eine Inklusion infrage, wenn sie in der Lage sind, mit anderen Kindern Kontakt aufzunehmen. Sie dürften nicht aggressiv sein. Sie müssten einigermaßen selbstständig lernen können.

Gut geprüft werden müssten auch die Möglichkeiten an der Schule: Gibt es einen speziellen Rückzugsraum? Gibt es Lehrkräfte, die sich um Schüler mit Behinderungen kümmern können? Sind die Eltern auf beiden Seiten zu einer Mitarbeit bereit?

In jedem einzelnen Fall sind viele Besuche, Absprachen, Fortbildungen, Vorbereitungen nötig. Doch Bushara und Rasha sind davon überzeugt: Diese Arbeit lohnt sich. Das Projekt muss gelingen. Für sie ist es ein gewaltiger Schritt in die Zukunft der palästinensischen Gesellschaft. Ein dringend notwendiger Schritt.

Ihre „Geheimwaffe" dabei: die sogenannten „Schattenlehrer" – Studierende aus Busharas Uni. Als Praktikum begleiten sie ein behindertes Kind in eine normale Schule. Sie unterstützen das Kind und sorgen mit dafür, dass es in seiner Klasse gut aufgenommen wird. Und ganz nebenbei bereiten sich die „Schattenlehrer" bei der Gelegenheit bestens darauf vor, einmal selbst Klassen von nichtbehinderten und behinderten Schülern zu unterrichten.

Viele ihrer Studierenden würden gerne als „Schattenlehrer" mithelfen, erzählt mir Bushara. Überhaupt sei das Interesse an Inklusion bei den palästinensischen Lehrerinnen und Lehrern heute sehr groß, schwärmt sie. Verständlicherweise sei da erst viel Unsicherheit gewesen. Auch Angst. Aber dann immer mehr Offenheit und Begeisterung. Selbst das Bildungsministerium der palästinensischen Autonomie beobachte die Inklusions-Versuche mit großem Wohlwollen.

Die Zukunft hat begonnen. Familien mit einem behinderten Kind müssen nun nicht mehr im Ausland nach angemessenen Fördermöglichkeiten suchen.

Lehrerin Rasha ist begeistert von ihrem Auftrag und den bisherigen Erfolgen. Ihre tiefschwarzen Augen strahlen: „Jedes Kind hat ein Recht darauf, etwas zu lernen. Und deswegen lohnt sich auch die ganze Arbeit, die für jedes einzelne Kind nötig ist. Jedes Kind, das eine normale Schule besucht, öffnet eine Tür für weitere behinderte Kinder. Und außerdem gewinnen wir dadurch jedes Mal einen weiteren freien Platz in einer LiFEGATE-Klasse. Und ein anderes Kind von der langen Wartliste kann nachrücken."

Kind für Kind, Schule für Schule, Schritt für Schritt verändern tapfere Pionierinnen wie Bushara und Rasha die palästinensische Gesellschaft. Ganz allmählich bekommen immer mehr Palästinenser eine neue Sicht auf Menschen, die im Rollstuhl sitzen oder sonst ein Handicap haben.

Ich weiß nicht, ob die beiden schon mal ihren Bürgermeister getroffen haben. Doch ich bin sicher: Er wäre stolz auf das, was die beiden Frauen da bewegen. Seine Stadt braucht Menschen wie sie. Und Menschen wie Muhamed.

Muhamed Shaafut ist fünfundzwanzig Jahre jung. Ein schlanker, etwas schüchtern wirkender Familienvater mit leicht schütterem Haar. Zum Gesprächstermin begleitet ihn sein Onkel Ali. Zum Glück. Denn ich könnte Muhameds Gebärdensprache nicht verstehen – und er kann mich nicht hören.

Ein Gespräch mit Hindernissen also, auf Englisch geführt, mit Zwischenpausen, in denen Muhamed und sein Onkel sich mit den Händen unterhalten. An Muhameds Körpersprache, an seiner Ernsthaftigkeit oder seinem Lachen kann ich in etwa ahnen, ob er über Schönes oder Schwieriges spricht. Aber ohne „Übersetzung" wäre ich hilflos.

Im Gespräch mit den beiden lerne ich noch ein Beispiel davon kennen, wie LIFEGATE in die Gesellschaft hineinwirkt. Und wie Grundsteine für die Zukunft einer Familie gelegt werden.

Der gehörlose Muhamed wird in eine Großfamilie hineingeboren, in der mehrere Verwandte nicht hören und nicht sprechen können. Sein eigener Vater zum Beispiel, der Bruder von Übersetzer Onkel Ali.

Muhamed besucht deshalb zunächst eine Schule für Gehörlose in Bethlehem, bis er vierzehn Jahre alt ist. Nach der Schule aber steckt er in einer Sackgasse: Kein Arbeitgeber will einen Mitarbeiter einstellen, der weder sprechen noch hören kann. Und der auch sonst scheinbar keine besonderen Fertigkeiten zu bieten hat.

Sein Onkel Ali, im Gespräch bisher ein Mann von klaren, präzisen Sätzen, druckst beim Übersetzen dieser Stelle plötzlich herum: Nach der Schule habe Muhamed nur noch auf der

Straße herumgehangen. Er habe nichts mit sich anzufangen gewusst. Ich ahne: Die Gefahr war groß, dass Muhamed abrutscht in Drogen und Kriminalität. „Ich musste meinem Neffen einfach helfen", erklärt der Onkel. Und weil er Gutes über die Arbeit von LIFEGATE gehört hat, meldet er sich dort. Und fragt: Könnt ihr etwas tun für meinen Neffen?

So kommt Muhamed ums Jahr 2010 herum als Teenager zu LIFEGATE. Erst ist er wenig begeistert. Will nicht noch einmal die Schulbank drücken müssen. Theorie ist nichts für ihn. Er will endlich zupacken, arbeiten, Geld verdienen, sich selbst beweisen. Und darum hängt er sich voll rein, als er bei LIFEGATE eine Ausbildung zum Schreiner beginnen kann. Insgesamt dreieinhalb Jahre lang lernt er. Zusammen mit einigen anderen Jugendlichen, die wie er nicht hören und nicht sprechen können. Und mit denen er sich in Gebärdensprache verständigt.

Die Zeit bei LIFEGATE wird für Muhamed das Sprungbrett hinein in den Beruf. Nach der Lehre besorgt Onkel Ali einen Job für ihn in einer kleinen Fabrik in Bethlehem, die Betten und andere Möbel herstellt. Bald aber spürt Muhamed: Hier werde ich nur ausgenutzt und nicht gut bezahlt. Er kündigt. Sucht sich eine neue Arbeitsstelle. Und landet einen Volltreffer: Eine israelische Fabrik mit ein paar Dutzend Mitarbeitern stellt ihn an. Ein Küchenhersteller, angesiedelt in einem Industriegebiet auf halber Strecke zwischen Bethlehem und Jericho.

Seit inzwischen sieben Jahren schon arbeitet Muhamed dort. Und er hat in der Zeit auch einige weitere gehörlose Freunde in der Firma untergebracht. „Hier werde ich anständig behandelt und anständig bezahlt. Ich bin dankbar und zufrieden", lässt Muhamed mir von Onkel Ali übersetzen.

Eine Firma, typisch für das Land Israel: Juden, Christen und Muslime arbeiten hier Hand in Hand miteinander. Sie respektieren einander und machen gemeinsam einen guten Job, berichtet mir Muhamed. Mit Begeisterung erzählt er von seinem Arbeitsplatz. Er ist angekommen. Merkt: Mit seiner Ausdauer, seinem Fleiß und seiner schnellen Auffassungsgabe kann er hier punkten.

Lange Zeit schaut er aufmerksam zu, wie ein älterer Kollege am Computer bestimmte Arbeitsgänge von Maschinen programmiert. Niemand hat Muhamed je den Umgang mit dem Computer beigebracht. Aber er beobachtet so genau, dass er es irgendwann selbst kann. Der Manager ist beeindruckt. Und gibt dem gehörlosen Muhamed eine Chance. Heute bedient Muhamed den Computer und richtet für seine Kollegen die Maschinen ein. Obwohl er nicht hören und nicht sprechen kann. Was für eine Karriere für einen, der schon fast auf der Straße gelandet war!

Muhamed strahlt, als er mir das erzählt. Und er strahlt weiter, als er mir von seiner Familie berichtet. Erst war seine Mutter dagegen, als er ein Mädchen heiraten wollte, das wie er nicht sprechen und nicht hören kann. Sie schlug ihm vor, stattdessen eine „gesunde" Frau zu nehmen. Doch Muhamed setzte sich durch. Und wirkt heute überglücklich. „Unsere Ehe ist eine Herausforderung, weil wir beide nicht hören und nicht sprechen können. Aber wir schämen uns nicht. Wir zeigen uns. Wir gehen diese Herausforderung gemeinsam an."

Sagt Muhamed mit den Händen. Und kann es kaum erwarten, dass Onkel Ali mir alles übersetzt.

Doch jetzt muss der Onkel auch mal was loswerden – und es auch für Muhamed übersetzen: Er sei begeistert davon, wie zielstrebig sein Neffe Muhamed seine Pläne verfolgt. „Muhamed weiß, was er will. Und das setzt er dann auch um."

Anders als viele andere junge Palästinenser in seinem Alter. Leider.

Der nächste Plan Muhameds: Er will ein Haus bauen für sich, seine Frau, das erste Kind. Und das Baby, das in einigen Monaten das Licht der Welt erblicken wird.

Noch eine Familie, die ihre Zukunft hier in der Gegend sucht und nicht wegzieht. Eine Familie mit einer gesunden finanziellen Basis. Beit Jalas Bürgermeister Nicola Khamis kann zufrieden sein. Und er ist es auch. Das Rehabilitationszentrum LIFEGATE erleichtert eben nicht nur das Leben einiger Menschen mit Behinderungen. Es schafft Zukunftschancen für viele, die sonst kaum eine Perspektive hätten. Es unterstützt Familien mit behinderten Kindern, die sonst mit dieser Aufgabe alleingelassen wären. Es stellt Arbeit und Verdienst bereit für Experten, die sonst ins Ausland gehen würden. Es durchdringt die Gesellschaft mit einer neuen, lebensbejahenden und wertschätzenden Art, Menschen mit Behinderungen als wertvolle Mitmenschen zu sehen.

Nicola Khamis weiß all das zu schätzen. Er gehört nicht zu den palästinensischen Kommunalpolitikern, von denen ich vorher oft gelesen habe. Die auf jede Frage hin erst einmal Israel für sämtliche Missstände verantwortlich machen. Und die dann immer noch mehr Geld von der EU und den USA fordern. So leicht macht es sich Khamis nicht. Er will selbst zupacken. Beit Jala zukunftsfähig machen. Männer wie Muhamed unterstützen. Und Frauen wie Bushara und Rasha. Sie machen seine Stadt lebenswert und ermöglichen ihren Bewohnern eine Zukunft.

Fast schämt der Bürgermeister sich, als er von Burghard Schunkert erfährt: Der Sozialminister der palästinensischen Autonomieregierung habe das LIFEGATE-Zentrum vor ein paar

Jahren einmal besucht. Die Begeisterung des Herrn Minister sei sehr groß gewesen. Jede Menge Zusagen habe er gemacht. Jede Menge Unterstützung für LIFEGATE angekündigt. Bis auf ein paar Schekel aber sei davon nichts angekommen.

Nicola Khamis ist aus anderem Holz geschnitzt. Bevor er in die Politik ging, war er als Geschäftsmann erfolgreich. Das bewahrt ihm auch jetzt im Amt eine gewisse Unabhängigkeit. Und entsprechend handelt er auch:

Als er vor ein paar Jahren mitbekam, dass neben dem LIFE-GATE-Zentrum große Pfützen den Weg für Rollifahrer erschwerten, schickte er kurzerhand einen Bautrupp. Der sollte den Platz begradigen und asphaltieren. Die Kosten dafür trug Nicola Khamis. Aus eigener Tasche. Eine Investition in die Zukunft seiner Stadt.

Das Gespräch im Rathaus von Beit Jala geht dem Ende entgegen. Wir tauschen Visitenkarten aus. Schütteln Hände. Bedanken uns ausgiebig beieinander. Eine Frage noch geht mir durch den Kopf, als ich den letzten Blick auf das riesige Arafat-Portrait richte. Ob Arafat wohl einverstanden wäre mit der Sicht von Nicola Khamis?

Verstohlen beobachte ich das lebensgroße Bild. Natürlich verzieht der berühmt-berüchtigte Mann keine Miene. Oder hab ich ihn doch bei einem winzigen Lächeln erwischt?

Kapitel 15

Ein Geschenk des Himmels

Der Überraschungsbesuch des Schauspielers Samuel Koch
bei LIFEGATE (Jerusalem 2010, Beit Jala 2018)

Samstagabend, 4. Dezember 2010. Burghard Schunkert sitzt
gemeinsam mit seiner Frau Ute und den beiden Kindern Sofie
und Mika in Jerusalem vor dem Fernseher. Gemeinsam schau-
en sie sich eine typisch „deutsche" Familiensendung an. „Wetten, dass" mit Moderator Thomas Gottschalk.

„Das ist ja mal 'ne spannende Wette", kommentiert Burghard, als er hört: Ein junger Turner will mit einem Salto über
fahrende Autos springen. Den Namen des jungen Mannes auf
den elastischen Sprungfedern merkt Burghard sich nicht. Aber
den Schock, den er beim Beobachten der Wette erlebt, den
wird er bis an sein Lebensende nicht vergessen. Den Schock in
dem Augenblick, in dem dieser Turner vor den Augen seines
Millionenpublikums stürzt. Und sich dabei lebensgefährlich
verletzt.

Wie versteinert erlebt Familie Schunkert den Unfall in Jerusalem „live" mit. Sitzt fassungslos vor dem Bildschirm. Be-

stürzt. Verstört. „Ich rechne es Thomas Gottschalk bis heute hoch an, dass er die Sendung nach diesem Unfall abgebrochen hat", meint Burghard.

Erst viel später erfährt er, dass es sich bei dem Unfallopfer um Samuel Koch handelt, einen engagierten jungen Christen aus Südbaden. Der soll lange nach seinem Unfall ein Buch über seine Erfahrungen im Rollstuhl geschrieben haben, hört Burghard. Dieses Buch soll ein bisschen ähnlich sein wie das Buch von Joni, das Burghard so viel bedeutet.

Doch deutsche Bücher bekommt man in Beit Jala nicht einfach an jeder Ecke. Und so bleibt es vorerst bei dieser vagen Information. Den Bestseller „Zwei Leben" von Samuel Koch und den Nachfolgeband „Rolle vorwärts" kriegt Burghard nicht in die Hand.

Im Mai 2017 bekommt LIFEGATE mal wieder Besuch von einer Reisegruppe aus Deutschland. Weil ich diese Gruppe leite, weiß ich, dass eine meiner Teilnehmerinnen Marion Koch ist – Samuels Mutter. Im Vorfeld deute ich das Burghard gegenüber am Telefon an, wer da zu ihm kommt. Ich möchte, dass er ein bisschen vorbereitet auf diese Begegnung ist.

Wir kommen wie vereinbart bei LIFEGATE an. Burghard begrüßt uns freundlich. Marion Koch geht wie selbstverständlich auf Burghard zu und schüttelt ihm die Hand. „Ich bin die Mutter von Samuel." Doch Burghard sitzt erst noch auf der Leitung. Weil Marion Koch ihm das an der Nasenspitze ansieht, fährt sie fort: „Mein Sohn hat bei ‚Wetten, dass' …"

Jetzt fällt der Groschen. Burghard ist elektrisiert. Erinnert sich an den spektakulären Unfall, den er live miterlebt hat. Und freut sich riesig über diesen unerwarteten Kontakt.

Wenig später kommen Marion Koch und Ute Schunkert ins Gespräch. Marion interessiert sich sehr für LIFEGATE. Will viel wissen über Konzept und Therapieformen. Überlegt, was davon für Projekte in Deutschland abgeschaut werden könnte. Am Ende verabschiedet man sich herzlich. Und Marion lädt Schunkerts wie selbstverständlich ein: „Kommt uns besuchen, wenn ihr mal in der Gegend seid!"

Tatsächlich kommen Schunkerts zwei Monate später durch Südbaden. Und melden sich prompt bei Kochs an. Zu ihrer Überraschung ist die komplette Familie versammelt, auch Samuel (inzwischen Schauspieler in Darmstadt) ist da. Eine spannende Begegnung: Hier der vermutlich „bekannteste" Rollstuhlfahrer Deutschlands. Ein Schauspieler, ein Medienmann, ein Promi. Bekannt aus Talkshows und Hochglanzillustrierten.

Ihm gegenüber der bescheidene Leiter einer Behinderteneinrichtung im Westjordanland, der Hunderte von Menschen mit einem Rollstuhl ausgestattet und so ihr Leben verändert hat.

Zwei höchst unterschiedliche Persönlichkeiten, die einander viel zu berichten haben.

Beim Abendessen sollen Ute und Burghard von LIFEGATE erzählen. Samuel und seine gesamte Familie fragen interessiert nach. Samuel spürt von Anfang an einen besonderen Draht zu Burghard Schunkert. Als „extrem sympathisch" erlebt er ihn. Als „brother from another mother". Als Menschen mit der „gleichen geistlichen Blutgruppe". Und ist entsprechend neugierig auf den Gast und seine Arbeit: „Das Land, die Zustände in Israel und im Westjordanland, die Umstände der LIFEGATE-Arbeit – mich hat das alles so interessiert, dass ich Burghard mit Fragen regelrecht gelöchert habe", erinnert sich Samuel.

Am Ende des langen Abends sind viele seiner Fragen beantwortet. Zu Burghards Überraschung erklärt Samuel plötzlich, er wolle jetzt unbedingt noch schwimmen gehen. Wenig später lässt er sich gemeinsam mit seinem Bruder in den Swimmingpool fallen. „Was für ein verrückter, netter Typ", denkt Burghard, bevor er schlafen geht.

Kurz vorher hat er Samuel noch eingeladen: „Sag Bescheid, wenn du mal nach Israel kommst. Wir könnten dich bei einer Reise dort gerne unterstützen."

Schon wenige Wochen später klingelt an einem Samstag das Telefon bei Schunkerts in Jerusalem. Marion Koch ist dran. Ohne lange Vorrede kommt sie zur Sache: „Samuel und Christoph (Samuels Vater) kommen mit einem Assistenten nach Israel, am Montag sind sie da", meldet sie. Burghard reibt sich kurz die Augen und atmet tief durch. Ihm bleiben wenige Stunden, um am nächsten Tag, dem Sonntag, einen außergewöhnlichen Besuch vorzubereiten.

Samuel selbst hat erst Stunden vorher entschieden, nach Israel zu reisen. Eigentlich wollte er gemeinsam mit seiner Frau Sarah ein Hilfsprojekt in Afrika besuchen. Doch weil Sarah quasi über Nacht für eine Hauptrolle bei den Festspielen in Bad Hersfeld gebucht wird, hat er ganz plötzlich Freiraum. Und entscheidet sich, jetzt Israel und speziell LIFEGATE kennenzulernen.

Auch ohne lange Vorbereitungszeit klappt seine Reise bestens. Samuel und sein kleines Begleitteam kommen im Gästehaus Beit al Liqa bei Marlene und Johnny Shahwan unter, ein paar Minuten weg vom LIFEGATE-Zentrum. Mit einem rollstuhlgerechten Auto von LIFEGATE reisen sie durchs Land. Sie steuern die Ziele an, die Mutter Marion vorher auf der Gruppenreise mit mir kennengelernt hat:

Den See Genezareth und speziell den Ort Migdal: Magdala. Dort lernen sie den rührigen Pater Eamon Kelly kennen, der ihnen die Ruinen der neutestamentlichen Stadt lebendig erklärt. Am Toten Meer erkunden sie die Oase Ein Gedi. Und natürlich machen sie sich auf den Weg nach Jerusalem. „Warum sollte ich wegen ein paar blöder Stufen die Heilige Stadt nicht sehen können?!", lacht Samuel.

Ihm ist nicht bewusst, dass Burghard auf die Schnelle mit einem befreundeten Tourismusexperten eine Spezialtour aus dem Boden stampfen muss. Denn die Altstadt von Jerusalem ist für Rollstuhlfahrer eigentlich ein „No Go". Mit ihren verwinkelten Gassen, ihrem Gefälle und ihren Tausenden von glatten Treppenstufen ist sie alles andere als „behindertenfreundlich". Die Tour gelingt trotzdem – Samuel lernt Jerusalem kennen wie vor ihm vermutlich noch kaum ein Rollifahrer.

Bei dieser Reise ist Samuel kaum zu bremsen. Kreuz und quer durchs Land geht es. Er kann nicht genug kriegen, will alles sehen, möglichst viele Menschen treffen. Sein schwedischer Spezialrollstuhl macht die Beweglichkeit möglich, die ihm seine Beine nicht mehr schenken können.

Doch dann der Schock: Samuels Rollstuhl will nicht mehr.

Das Kugellager wird zum Problem. Ein Ersatzteil müsste erst vom Hersteller aus Schweden beschafft werden. Das kann dauern. „Schon in Deutschland müsste ich in einem solchen Fall wochenlang warten, bis mein Rollstuhl wieder flott wäre", kommentiert Samuel. Mist.

Doch da hat Burghard Schunkert eine Idee, eine typisch arabische: Er erinnert sich an eine große Kiste mit gebrauchten Lagern für Rollstühle, die in einer Werkstatt bei LIFEGATE herumsteht. Richard, der LIFEGATE-Experte für Rollstühle, fängt an, diese Kiste zu durchwühlen. Er sucht und sucht. Nimmt viele ähnlich aussehende Teile in die Hand. Misst. Prüft. Und wirft sie wieder zurück. Vergeblich.

Doch dann hat er plötzlich das Teil in der Hand, das exakt in Samuels Rollstuhl passt. Volltreffer!

„Das hier dürfte das einzige Kugellager dieser Art im gesamten Nahen Osten sein", schmunzelt Richard, der Fachmann. Baut das Teil in Samuels Rollstuhl ein. Und macht Samuel wieder „mobil".

Zufall? Geschenk Gottes? Für Burghard, Richard und Samuel liegt die Antwort auf der Hand.

Höhepunkt des Besuchs im Heiligen Land sind die Stunden im LIFEGATE-Zentrum. Samuel sieht sich alles genau an. Ist regelrecht überwältigt von dem „Komplettpaket" mit Kindergarten, Schulklassen, Reha, Therapieräumen, Schwimmbecken, Werkstätten und Büros. „Hier können Menschen mit Handicaps vielfältig unterstützt werden. LIFEGATE und sein Konzept könnten sicher viele ähnliche Einrichtungen inspirieren", meint Samuel.

Schließlich sitzt Samuel im Konferenzraum des LIFEGATE-Zentrums denen gegenüber, die dieses Haus als engagierte Mitarbeiterinnen und Mitarbeiter mit Leben füllen. „Ich war ganz schön aufgeregt", gesteht er mir im Rückblick. Er will bei seiner kleinen Ansprache nicht hochnäsig wirken. Nicht wie der Blinde von der Farbe sprechen. Nicht abgehoben rüberkommen. Die Sprachbarriere macht ihm Sorge. Noch mehr aber die kulturelle. Der Bühnenprofi ist nervös.

„Doch dann hab ich plötzlich gespürt: Die haben doch die gleichen Ängste, Herausforderungen, Sorgen, Probleme und Wehwehchen wie ich. Wenn ich denen von meinem Schicksal erzähle, dann wissen die genau, wovon ich rede. Die Tragödie, die ich erlebt habe, ist doch ganz ähnlich wie viele Tragödien hier im Haus."

Und so fängt Samuel Koch an zu reden. Und wendet sich an die Therapeutinnen, Lehrer, Ausbilder, Verwaltungskräfte von LIFEGATE, die im Konferenzraum dicht beisammensitzen.

Samuel spricht Deutsch. Burghard übersetzt. Und staunt,

dass Samuel sich zum Einstieg erst einmal bedankt. Dankt für die tolle LIFEGATE-Arbeit, die er hier erlebt. Dankt für das, was die Mitarbeiterinnen und Mitarbeiter von LIFEGATE hier für ihre Schutzbefohlenen tun.

Danach beginnt Samuel von sich zu erzählen. Von seinem Unfall. Von seinen Erfahrungen im Rollstuhl. Davon, wie wichtig ihm die Hilfe vieler engagierter Menschen war und ist. Und was ihm sein Glaube an Gott in dieser Lage bedeutet. Samuel spricht auf Augenhöhe. Ihm ist bewusst: Diese Zuhörerinnen und Zuhörer verstehen ihn sehr genau. Zum Beispiel wenn er erzählt, was es heißt, all seine Träume und all seine Wünsche auf einen Schlag begraben zu müssen. Oder wenn er ihnen berichtet: Ohne Therapeuten und ohne medizinische Hilfe wäre ich nicht mehr am Leben.

„Vielleicht haben sich manche der LIFEGATE-Mitarbeiter beim Zuhören noch einmal bewusst gemacht, wie extrem wichtig ihre Tätigkeit ist", überlegt Samuel, als er mir ein Jahr nach der Begegnung davon berichtet. „Einigen stiegen die Tränen in die Augen, manche verließen sogar kurz den Raum, weil sie so berührt waren."

Am Ende bleibt das, was Geschäftsleute wohl als „win-win-Situation" bezeichnen würden – alle Beteiligten gehen gestärkt und bereichert aus der Begegnung hervor.

„Samuel hat uns mit seinen Worten ein großes Geschenk gemacht", sagt Burghard. Und er strahlt dabei. Dass Samuel Koch ihn und seine Arbeit besucht hat, bedeutet ihm sehr viel. Und seinen Mitarbeiterinnen und Mitarbeitern erst recht.

„Mir hat das Beispiel von LIFEGATE Mut gemacht", ergänzt Samuel Koch. „Es hat mich inspiriert zu sehen, wie Burghard und seine Mitarbeiter hier unter widrigen Bedingungen eine Oase geschaffen haben. Wie Palästinenser, Israelis, Deutsche,

Amerikaner und andere Nationalitäten ganz selbstverständlich zusammenarbeiten, um so das Leben von Menschen mit einer Behinderung leichter zu machen. Dieses kunterbunte Gemisch ausgerechnet in dieser Gegend der Erde – für mich ist das ein Geschenk des Himmels."

Kapitel 16

„STERNSTUNDEN"
in München und Beit Jala

Wie die Benefizaktion des Bayerischen Rundfunks
das neue LIFEGATE-Zentrum möglich machte

Sonntag, 23. Dezember 2018, 11.20 Uhr. Das BR-Fernsehen
unterbricht sein normales Programm für ungewöhnliche Bilder. Im „STERNSTUNDEN-Adventskalender" stehen Kinder im
Mittelpunkt. Kinder, die Hilfe brauchen. Heute Kinder aus
der Provinz Bethlehem im Westjordanland.

Kinder wie Adam Odeh. Ein zehn Jahre alter kräftiger Junge
mit großen, wachen Augen. Adam kauert auf dem Rücksitz
eines Autos, beobachtet mit Interesse die Straßen, durch die er
gefahren wird. Aufgeregt sei Adam, erklärt mir die Sprecherin.
Denn Adam dürfe heute zur Schule. Zu einer ganz normalen
Schule. Ein riesiger Schritt für den jungen Palästinenser. Alles
andere als selbstverständlich. Denn Adam ist Autist.

Autsch, denke ich, der arme Junge. Autisten tun sich schwer
mit Kontakten zu anderen Menschen. Beziehungen einzuge-

hen, ist Schwerstarbeit für sie. Viele Autisten leben in ihrer eigenen kleinen Welt. Wie kommt Adam da bloß auf einem quirligen Schulhof klar?

Der Junge scheint meine skeptischen Gedanken aus der Ferne zu erraten. Er lacht verschmitzt. Dann legt er frech eine Hand über die Linse der Kamera, die ihn gerade noch gezeigt hat. Du siehst mich nicht!

Schnitt. Adams Mutter Rania kommt ins Bild. Eine junge Palästinenserin. Dezent geschminkt. Ihr Lippenstift in exakt dem gleichen Rosaton wie ihr Kopftuch. Früher habe ihr Sohn schon geschrien, wenn jemand an der Tür klingelte, erzählt sie mir und den anderen Fernsehzuschauern. In sein Zimmer eingeschlossen habe er sich, wenn sich die Wohnungstür öffnete.

Die Mutter wirkt glücklich – ihr Sohn hat sich verändert. Tageweise kann er zur Schule gehen. Vor ein paar Monaten wäre das noch nicht möglich gewesen, erfahre ich. Und sehe, wie eine freundliche Betreuerin Adam bei der Hand nimmt, mit ihm über den Schulhof schlendert, ihn schließlich allein weitergehen lässt. „Die Mitarbeiter der bayerischen Organisation LIFEGATE haben ihn so weit gebracht", erklärt die Sprecherin. Ich staune.

Schnitt. Die Kamera zeigt mir ein prominentes Gesicht: Schauspielerin Saskia Vester, bekannt aus dem „Tatort", von den „Dienstagsfrauen" und aus vielen anderen Filmen. Hier meldet sie sich als engagierte Patin eines STERNSTUNDEN-Projekts zu Wort: „Ohne therapeutische Hilfe würde Adam nie in seinem Leben auf eigenen Füßen stehen können", berichtet die Schauspielerin. Und weiter: In Bethlehem gebe es viele Kinder wie ihn, mit geistigen oder körperlichen Behinderungen. Deren Eltern seien allein einfach überfordert.

Schnitt. Das schön gestaltete Lifegate-Zentrum kommt ins Bild. Ein Gebäude, das ich nach mehreren Besuchen recht gut kenne. Ein Rehabilitationszentrum der besonderen Art. Ein Ort der Geborgenheit für Kinder, Jugendliche und ihre Eltern. Ein Haus des Lachens, in dem jeder willkommen ist. Hell. Freundlich. Einladend.

Das BR-Fernsehen zeigt all das in starken Bildern: Kinder mit deutlich erkennbaren Handicaps werfen sich gegenseitig einen Ball zu. Sie üben zu werfen. Zu fangen. Sie genießen das Spiel und strahlen dabei heitere Lebensfreude aus. Wie gut, dass es dieses Zentrum gibt!

Aus Gesprächen mit Burghard Schunkert weiß ich: Ohne die Benefizaktion Sternstunden hätte das Lifegate-Zentrum niemals gebaut werden können. Jahrelang wuchs die Lifegate-Arbeit so schnell, dass alle gemieteten Räume, Wohnungen, Häuser sich bald als zu klein erwiesen. Immer wieder muss Lifegate umziehen. Muss neue Räume dazumieten. Muss sich mit beengten Verhältnissen zufriedengeben. Büros, Werkstätten, Therapieräume – alles vollgestopft und eigentlich zu klein.

Irgendwann spürt Burghard Schunkert: So kann es nicht weitergehen. Er fängt an zu beten. Bittet Gott ganz kindlich darum, dass sich ein Bauingenieur findet, der Lifegate bei einem Neubau berät und unterstützt. Ein Christ, der gute Arbeit leistet und dafür überschaubare Honorare verlangt. Nicht mehr und nicht weniger als ein klares Zeichen vom Himmel erbittet Burghard.

Das „Zeichen" kommt dann – gleich doppelt: Zunächst durch einen Bauexperten, der sich tatsächlich für Lifegate einsetzt. Als Christ will er etwas für seine Landsleute tun. Gemeinsam mit diesem Ingenieur befragt Burghard Schunkert erst einmal all seine Mitarbeiter. Macht Mut zu Plänen, Träumen, Visionen: „Angenommen, wir hätten genug Mittel zur Verfügung – wie genau wünscht ihr euch dann die Räume, in denen ihr die LIFEGATE-Arbeit für Kinder und Jugendliche am liebsten machen würdet?"

Die Mitarbeiterinnen und Mitarbeiter reagieren ungläubig. Sie ahnen, dass kein Geld für Neubauten bereitsteht. Dann aber fangen sie Feuer und legen los. Konzipieren, schreiben auf, zeichnen. Halten all das fest, was für ihre Arbeit optimal wäre.

Der Ingenieur lässt sich das gesammelte Material geben und fängt an, das neue LIFEGATE-Zentrum zu entwerfen.

Doch gute Ideen und Schwung allein können kein Haus bauen. Dazu sind echte „STERNSTUNDEN" nötig – eben die Benefizaktion aus der bayerischen Landeshauptstadt.

Auch Adam, der junge Autist im Fernsehbeitrag, erlebt gerade eine Sternstunde – der „STERNSTUNDEN-Adventskalender" lässt mich daran teilhaben: Neben den Kindern, die sich einen Ball zuwerfen, taucht Adam auf. Ein wenig schüchtern, aber fröhlich steht er vor einer Tafel. Mit einem dicken Filzstift malt er ein Gesicht – das Portrait seiner Betreuerin Maria Zeidan. Die junge Frau aus Sachsen hat dabei mitgeholfen, dass Adam sich geöffnet hat, erfahre ich.

Und kann nun staunend zusehen, wie der Autist mit seinem Stift bei Maria Maß nimmt. Dann aufs Papier bringt, was er gerade angeschaut hat. Marias Augen, ihre Augenbrauen, ihre Nase. Adam sieht noch einmal ganz genau hin, setzt einen Punkt auf die Nase – Marias kleiner Schmuck an der Nase muss natürlich mit auf sein Bild.

„Ein anderes Kind würde Ohrringe oder Nasenring nicht wahrnehmen", schwärmt Maria. Ihr fällt auf, dass Adam nicht nur sehr genau beobachten und dann zeichnen kann. Sondern dass er auch eine Begabung für Sprachen hat. Englisch zum Beispiel mache ihm sehr viel Spaß.

„Jedes Kind wird hier ganz individuell gefördert", beschreibt die Sprecherin. Und ich kann mir nach diesem Beispiel noch besser vorstellen, warum die Sternstunden gerne Projekte von Lifegate unterstützen.

Natürlich versuche ich herauszubekommen, wie genau diese Zusammenarbeit begonnen hat. Und erfahre: Da war einfach zur richtigen Zeit der richtige Mann im Beirat von Lifegate: Hans Schöbel aus Würzburg. Eine Institution in Sachen Behindertenpädagogik. Leitend tätig in entsprechenden Vereinen und Werken. Kompetent. Engagiert. Bestens vernetzt. Eben auch mit Sternstunden. Und so empfahl er Lifegate: Fragt doch mal, ob die euch nicht unterstützen könnten.

Als ich mit Marianne Lüddeckens vom Sternstunden-Büro telefoniere, höre ich, was danach geschah:

Der Würzburger Trägerverein „Tor zum Leben – Lifegate Rehabilitation e.V." stellt 2003 bei Sternstunden einen Antrag. Konkret geht es um den Bau eines Kindergartens in Beit Jala. Sternstunden tut daraufhin genau das, was bei Anträgen immer getan wird: den Antrag und die Arbeit des Antragstellers sorgfältig prüfen. Genau in der Region und bei Fachleuten recherchieren. Sich einen umfassenden Einblick in Konzeption und Praxis des Projekts verschaffen – der Antrag von Lifegate wird also gründlich geprüft. Für „förderwürdig" befunden. Und so wird der Grundstein einer lange andauernden Zusammenarbeit gelegt.

„Für uns sind die Sternstunden ein echter Segen!", kommentiert Burghard Schunkert.

„Sternstunden" ist ein gemeinnütziger Förderverein mit einem großartigen Ziel: Kindern und Jugendlichen in Not zu helfen. Gestartet vor einem Vierteljahrhundert als Benefizaktion des Bayerischen Rundfunks, unterstützt von BayernLB, Sparkassenverband Bayern, Bayerischer Landesbausparkasse und Versicherungskammer Bayern. Wichtigste Säule des Vereins sind die schier unzähligen Spender, die STERNSTUNDEN-Projekte unterstützen. Sie tun das, weil sie wissen, dass die Spendengelder ohne Abzug in sorgfältig ausgewählte Projekte fließen.

Allein am STERNSTUNDEN-Tag im Bayerischen Rundfunk Mitte Dezember 2018 werden dank der ausführlichen Berichterstattung in Hörfunk und Fernsehen und mithilfe zahlreicher Prominenter mehr als neun Millionen Euro Spenden für STERNSTUNDEN gesammelt.

„Bei allen Projekten ist uns wichtig, dass Kinder und Jugendliche, die krank, behindert oder notleidend sind, Chancen bekommen. Besonders wollen wir Projekte fördern, die nachhaltig wirken, die beispielsweise vom Kindergarten über die Schule bis hin zur Berufsausbildung eine langjährige Entwicklung im Blick haben", erklärt mir Marianne Lüddeckens von STERNSTUNDEN. Und weiter: Etwa sechzig Prozent der Spendengelder kommen Einrichtungen zugute, die sich in Bayern um notleidende Kinder kümmern. Der Rest geht ins Ausland und dort vor allem in Bildungsprojekte.

2003 also unterstützt STERNSTUNDEN die Arbeit von LIFEGATE zum ersten Mal. Peter Maffay wird als prominenter Projektpate gewonnen. Er macht den Fernsehzuschauern Mut, für den Kindergarten in Beit Jala bei Bethlehem zu spenden. Und weil eine Menge Geld fließt, kann Burghard Schunkert bald darauf anfangen zu bauen.

„Wir bewundern diese Arbeit. Für uns ist LIFEGATE eins unserer Leuchtturmprojekte", freut sich Marianne Lüddeckens.

Über die Jahre habe STERNSTUNDEN LIFEGATE immer mehr schätzen gelernt. Und maßgeblich zum Aufbau des Rehabilitationszentrums beigetragen.

2015 ist Frau Lüddeckens selbst vor Ort in Beit Jala. Drei Jahre später erzählt sie begeistert davon. Und berichtet: Im Laufe von fünfzehn Jahren ist insgesamt fast eine Million Euro an Spenden von STERNSTUNDEN aus München an LIFEGATE in Beit Jala geflossen – eine stolze Summe.

Und so kann eben auch Schritt für Schritt bzw. Stockwerk für Stockwerk das LIFEGATE-Zentrum entstehen. STERNSTUNDEN gibt den Anschub. Weitere großzügige Förderer kommen dazu: das Hilfswerk „Die Sternsinger" zum Beispiel. Die Porticus-Stiftung. Die Friedhelm Loh Group. Der Deutsche Verein vom Heiligen Land. Misereor. Caritas International. Das Bundesland Nordrhein-Westfalen. Das Bundesministerium für wirtschaftliche Zusammenarbeit. Unternehmer. Ärzte. Kirchengemeinden. Initiativen. Einige Großspender. Und ganz viele, die mit kleinen und mittleren Beträgen helfen. Einmalig. Oder regelmäßig.

Heute kann das LIFEGATE-Zentrum rund viereinhalb Tausend Quadratmeter auf drei Stockwerken bieten, berichtet Burghard Schunkert stolz und dankbar. Hier findet alles Platz: im Erdgeschoss Büros, Berufsausbildungswerkstatt, Schreinerei, Schlosserei, Nähstube, Olivenholz-Werkstatt, Stickerei, Töpferei, Wäscherei, Schuhmacherwerkstatt, Küche, Cafeteria.

Im ersten Stock Verwaltung, Kindergarten, verschiedene Therapieräume.

Im zweiten Stock die Förderschule.

Wer Burghard Schunkert kennt, ahnt es schon: Pläne für die Nutzung noch zu bauender weiterer Stockwerke ruhen schon in seiner Schublade.

Apropos Nutzung: Jeden Tag kommen bis zu zweihundertfünfzig Menschen ins LIFEGATE-Zentrum, um Hilfe oder Förderung zu suchen, um zu lernen oder unter Anleitung zu arbeiten.

Mehr als achtzig Mitarbeiterinnen und Mitarbeiter (einige davon in Teilzeit) kümmern sich um fünfundvierzig Kindergartenkinder, um die neunzig Förderschüler und um Hunderte von Kindern und Jugendlichen, die Therapien brauchen – mit Musik, Bewegung, Wärme, Wasser und vielen weiteren Mitteln. Ein großes Paket mit Hilfsmöglichkeiten. Alles unter einem Dach.

STERNSTUNDEN-Frau Marianne Lüddeckens lobt das LIFEGATE-Konzept, weil es schon mit der Frühförderung beginnt. Denn je früher ein Kind gefördert wird, desto größer seine Chancen. Ganz aktuell ruft STERNSTUNDEN deshalb zu Spenden auf, die zwei Gruppen von besonderen Kindern zugute kommen: Autisten wie Adam, den ich im Fernsehbeitrag kennengelernt habe. Und Kindern, die an der sogenannten „Schmetterlingskrankheit" leiden.

Der bildhafte Name soll ausdrücken: Durch einen Gendefekt ist ihre Haut so extrem empfindlich wie der Flügel eines Schmetterlings. Mit fürchterlichen Folgen, wie ich am Ende des Beitrags im „STERNSTUNDEN-Adventskalender" erfahre:

Den dreizehnjährigen Hassan und seinen jüngeren Bruder Muhamed sehe ich jetzt im Bild. Kein schöner Anblick: beide klein gewachsen. Beide verhärmt, mit vielen Wunden im Gesicht und an den Händen. Die „Schmetterlingskrankheit" zerstört ihre Haut.

Hassan und Muhamed leiden unter offenen Wunden. Ihre Hände und Füße verkrüppeln. Auch innere Organe werden in Mitleidenschaft gezogen. Jede Bewegung tut weh.

Im Video kann ich beobachten, wie Burghard Schunkerts

Frau Ute – Physiotherapeutin und seit Jahren bei LIFEGATE engagiert – sich einfühlsam um die beiden Jungen kümmert.

Die Eltern von Hassan und Muhamed waren mit der schwierigen Krankheit ihrer beiden Söhne völlig überfordert. Sie versteckten die Jungs regelrecht vor neugierigen Blicken.

Hier bei LIFEGATE sind die schwerkranken Kinder willkommen. Sie werden versorgt und gefördert, können lernen und lachen – und beides tun sie unübersehbar. Auch wenn es bisher keine Heilung für ihre Krankheit gibt, bestenfalls Linderung möglich ist. Hassan jedenfalls sitzt trotz seiner schweren Krankheit in der Förderklasse, weil er lernen will.

„Ein gewaltiger Schritt für Hassan", erklärt STERNSTUNDEN-Patin Saskia Vester, „auch für Adam. Hin zu einem selbstbestimmten Leben, trotz Behinderung".

Die Botschaft ist klar, und sie kommt eindrücklich rüber. Mehrmals an diesem 23. Dezember im BR-Fernsehen. Am Ende des Beitrags wird die STERNSTUNDEN-Kontonummer eingeblendet. Mehr Werbung muss nicht sein – die starken Bilder sprechen für sich.

Keine Frage, dieses Projekt passt zu STERNSTUNDEN, die sich vorgenommen haben, kranken, behinderten oder notleidenden Kindern zu helfen. In Bayern. In Deutschland. In der gesamten Welt. Und eben auch in Beit Jala. Damit Adam, Hassan, Muhamed und viele andere Kinder STERNSTUNDEN erleben können. Und Sternentage. Und Sternenjahre.

Kapitel 17

Familienleben
unter besonderen Bedingungen

Vom herausfordernden Alltag als Deutsche in Israel

Erstaunlich, wie kalt es in Jerusalem werden kann. Und wie feucht. Burghard Schunkert hat uns im Lifegate-Bus abgeholt. Wir sind heute bei ihm und seiner Familie zum Abendessen eingeladen. Durch den dichten Regen ging es von Beit Jala aus über den Checkpoint nach Israel. Dann über die auf manchen Strecken vierspurig ausgebaute Hebron Road. Irgendwo dann rechts in eine Seitenstraße. Und dann links und rechts und noch mal links ... Ich würde den Weg aus dem Wirrwarr von Straßen und Gassen sicher nicht mehr finden. Schon gar nicht bei der schlechten Sicht und dem Regen.

Ein paar Kilometer Luftlinie nur liegen zwischen Beit Jala und diesem Stadtteil Jerusalems. Und doch sind wir in einer zumindest auf den ersten Blick vollkommen anderen Welt gelandet. Wir steigen aus in einem netten Wohnviertel, geprägt von zweigeschossigen Reihenhäuschen mit hübschen kleinen

Gärten davor. Gepflegt. Geschmackvoll. Gemütlich. Schön hier – bis auf das momentane Wetter. Wir huschen Burghard hinterher durch den Regen. Zum Glück geht das meiste daneben, überlege ich noch. Und das durstige Land Israel kann jeden Tropfen von oben dringend brauchen.

Angekommen. Wir hängen die tropfnassen Jacken weg. Treten sorgsam die Schuhe ab. Landen in einer behaglich-gemütlichen Idylle. Leckere Düfte empfangen uns. Ute hat gekocht und dabei einen Streifzug durch arabisch-israelische Köstlichkeiten für uns vorbereitet. Frische Salate, raffinierte Dressings, Teigröllchen, Geflügel, knackiges Obst, Hummus (die zu jeder Mahlzeit passende Kichererbsenpaste) und vieles mehr stehen auf dem Tisch bereit. Ich verstehe sofort: Auch manche deutschen Gastgeber können orientalische Gastfreundschaft.

Wir, das sind heute Abend Lektorin Petra Hahn und ihr Mann Michael, die bei vielen der Interviews für dieses Buch dabei sind. Ute und Burghard Schunkert, unsere aufmerksamen Gastgeber. Ihre sechzehnjährige Tochter Sofie. Und ich als Autor dieses Buchs, der schon gespannt auf diesen Abend ist.

Denn nicht nur das leckere Essen und die freundschaftliche Begegnung sollen heute im Mittelpunkt des Abends stehen. Ich habe Schunkerts darum gebeten, dass sie uns von ihrem „ganz normalen" Alltag berichten. Von schönen und weniger schönen Erfahrungen, die man so als deutsche Familie hier in Israel macht.

Und genau das beginnt, noch bevor wir uns alle um den ovalen Tisch platziert haben. Als wir uns nach Mika erkundigen, dem fünfzehnjährigen Bruder Sofies. Wir Gäste erfahren, dass seine Familie gerade etwas besorgt um ihn ist. Gemeinsam mit seiner Jugendgruppe aus der christlich-jüdischen Gemeinde ist Mika nämlich zu einem Teen Camp in die Wüste gefahren, irgendwo in der Nähe des Toten Meers. Und auch dort dürfte es jetzt ausnahmsweise ziemlich nass und vermutlich auch ganz schön frisch sein. In Zelt und Schlafsack sicher lang nicht so gemütlich wie hier in Schunkerts guter Stube.

Aber wie genau es Mika und seinen Freunden geht, kann seine Familie nur vermuten – die Zelte stehen gerade in einer Region ohne Handyempfang. „Ein bisschen frieren werden die, aber sie werden's überleben", lacht Sofie. Und berichtet davon, dass sie im vergangenen Jahr ähnlich feuchtkalte Wüstennächte hinter sich gebracht hat, in denen es sogar die Zelte wegwehte.

Ich kann schnell erkennen: Bei Schunkerts herrscht humorvolle Offenheit. Und so wage ich es, schon gleich zu Beginn des Abendessens die Eintausend-Dollar-Frage zu stellen: Wie haben Ute und Burghard sich eigentlich kennengelernt?

Gelächter, Gegluckse, Gekicher. Dann beginnt Ute zu erzählen. Wie sie vor zweiundzwanzig Jahren zum einjährigen Bibelstudium nach Jerusalem reiste. Wie sie dort nach Abschluss des Jahres in einer englischsprachigen Gemeinde einen gewissen Burghard Schunkert traf. Und mit ihm ins Gespräch kam. Wie sie sich bei der Gelegenheit daran erinnerte, dass sie die Adresse von LIFEGATE ja „zufälligerweise" schon mitgebracht hatte – auf einer Stellenanzeige nämlich. LIFEGATE suchte da Physiotherapeuten. „Man kann ja nie wissen", hatte ihr damals ihre frühere Chefin in einer deutschen Physio-Praxis gesagt. Und ihr genau diese Anzeige aus der Verbandszeitschrift zugesteckt.

Und so begann Ute dann tatsächlich damit, als Freiwillige bei LIFEGATE zu arbeiten. Ein, höchstens zwei Jahre lang wollte sie ihre Fähigkeiten als Physiotherapeutin für die behinderten Kinder und Jugendlichen im Westjordanland einsetzen. Doch dann fiel sie dem Chef der Einrichtung auf ...

Burghard schaltet sich ein, um seine Sicht beizutragen. Nach dem Scheitern seiner ersten Beziehung sei er damals einige Jahre lang überhaupt nicht mehr auf Ehe gepolt gewesen. „Wenn mir eine Frau etwas näher kam, bin ich sofort auf Distanz gegangen." Aber dann sei da auf einmal Ute aufgetaucht. Ihre offene Art, ihr Engagement, ihr attraktives Aussehen. „Dieses Mal bin ich nicht auf Distanz gegangen", erzählt Burghard freimütig – und die gesamte Runde am Tisch lacht.

„Mir war erst gar nicht bewusst, dass Burghard größeres Interesse an mir hat", ergänzt Ute. Sie selbst jedenfalls hätte den ersten Schritt wohl nicht gemacht. Der Altersunterschied. Ein Mann, der eine schmerzliche Scheidung hinter sich hat. Der Vater einer bereits zwölfjährigen Tochter ist. „Da fliegt man als Frau nicht unbedingt gleich drauf", bekennt Ute.

„Wir mussten damals viel reden, haben gemeinsam kleinere Ausflüge gemacht. Mit dreißig ist man ja auch nicht mehr die Jüngste. Letztlich ging es um eine gründliche Entscheidung für ein ganz anderes Leben."

Darf ich fragen, aus welchem Grund sie dann Burghards Werben nachgegeben hat? Natürlich darf ich. Ute lächelt: „Es war Burghards Hartnäckigkeit. Und seine sympathische Art. Er schrieb mir einige wunderschöne und besondere Briefe. Das hat mich zunehmend überzeugt, denn ich entdeckte so viele außergewöhnliche Gemeinsamkeiten. Bis zu meinem Ja hat es dann auch nur knapp vier Monate gedauert. Die Hochzeit feierten wir im Zentrum der Jerusalemer Altstadt."

1998 wird aus Ute Hornikel und Burghard Schunkert ein Ehepaar.

Ein wichtiger Faktor für Ute damals: Die gemeinsame Arbeit bei LIFEGATE. Immer mehr erlebt sie, wie notwendig und sinnvoll diese Arbeit ist.

Ich kann regelrecht spüren, dass wir zu einem wichtigen Punkt ihres Lebens und ihrer Beziehung kommen, denn Ute und Burghard erzählen plötzlich beide gleichzeitig. Berichten davon, wie die Lebensaufgabe von Burghard immer stärker auch Utes Anliegen wurde. Wie sie in der schwierigen Zeit der Intifada mit ihren Raketenbeschüssen, Selbstmordattentaten und Ausgangssperren zwar Angst hatte, aber nicht abgeschreckt wurde. Sondern immer tiefer in die Arbeit hineinwuchs. „Mir war schon klar, dass ich nicht nur Burghard heirate, sondern auch LIFEGATE", sagt Ute, und wieder lacht die ganze Runde.

Wünscht sie sich manchmal, dass ihr Mann einen ruhigen Beamtenjob hätte, mit Arbeitszeiten von acht bis sechzehn Uhr, geregeltem Urlaub und sicherem Einkommen?

„Auf gar keinen Fall", betont Ute. „Aber es gab schon stressige Zeiten, als dann unsere beiden Kinder kamen – nur elf Monate auseinander. Wenn du das als Mutter alles allein managen musst, wird's schon richtig anstrengend. Da blieb die eine oder andere Krise nicht aus."

Teenager Sofie hat die ganze Zeit sehr genau zugehört. Und die Bekenntnisse ihrer Eltern mit viel Lächeln kommentiert. Würde sie sich denn Eltern mit etwas weniger zeitraubenden Berufen wünschen, frage ich Sofie. „Nein, ich schätze die Arbeit, die die beiden machen. Und die Eltern meiner Freunde sind ja oft auch nicht mehr zu Hause als meine." Wirklich ungewöhnlich aber sei, dass sie in Jerusalem wohnen, der Arbeitsplatz der Eltern nicht in Israel liegt, sondern im Westjordanland.

„Wenn es jemand von meinen Freunden genau wissen will, dann erzähle ich das schon. Aber ich muss es ja nicht gleich jedem auf die Nase binden. Denn viele Israelis in meinem Alter sehen die andere Seite einfach nur als ‚die Gegner'. So wird in ihrer Familie drüber gesprochen und auch in den Medien.

Wenn ich Zeit habe und erklären kann, was genau meine Eltern in Beit Jala tun, dann können manche das verstehen. Aber andere können oft nicht begreifen, dass meine Eltern sozusagen die ‚gegnerische Seite‘ unterstützen.

Im Westjordanland unter Palästinensern arbeiten, im jüdisch geprägten Jerusalem leben – allein damit sind Schunkerts ziemliche Exoten. Aber sie haben sich sehr lange überlegt, warum es für sie als Familie genau so richtig ist. Auf einer israelischen Schule seien die Kinder in ihrem Fall einfach besser aufgehoben als auf einer arabischen, meint Ute. Sie konnten die ersten Jahre eine kleine christlich-jüdische Schule besuchen, international bunt gemischt. Der Übergang auf eine weiterführende israelische Schule war für Sofie dann eine Herausforderung:

„Als ich in die neue Oberstufenschule kam, plagten mich zwei Klassenkameraden mit Etiketten wie ‚Deutsch und Nazi‘ und versuchten mich zu mobben. Im Geschichtsunterricht wird in Israel vor dem Abi drei Jahre lang intensiv das Thema: ‚Der zweite Weltkrieg‘ durchgenommen, und da geht es natürlich sehr stark auch um den Holocaust. Viele Filme werden geschaut. In diesem Zusammenhang musste ich mir dann auch manche Sprüche anhören, die wirklich übertrieben waren. Da haben sogar einige Freunde aus meiner Klasse gesagt: ‚Das geht so nicht‘. Wir sind dann zum Direktor gegangen, und er hat die Situation gut geklärt.

Generell ist es so: Wenn ich neue Leute kennenlerne, kriege ich oft zu hören: ‚Wenn du Deutsche bist, dann hast du bestimmt Nazis in der Familie‘. Aber darüber rege ich mich schon gar nicht mehr auf. Das bringt nichts. Die sollen mich erst mal wirklich kennenlernen.“

Keine leichte Situation für eine junge Frau. Sehnt Sofie sich manchmal nach einem etwas ruhigeren, weniger komplizierten

Leben in Deutschland? Die Sechzehnjährige antwortet erstaunlich reif: „Ich habe durchaus gemischte Gefühle. Deutschland kenne ich nur als Land, in dem wir Ferien machen, Familie und Freunde besuchen. Alles ist schön dort, wir haben Zeit und viel Spaß. Je länger ich aber über Israel nachdenke und immer Neues erlebe, desto mehr merke ich: Dies ist schon ein ganz besonderes Land. All die verschiedenen Kulturen und Religionen. Die große Vielfalt ist herrlich."

Sofie stockt, holt Luft. „Die Frage ist für mich ja jetzt ganz wichtig geworden, denn bald kommen Einführung und Dienst in der Armee auf mich zu. Nach einer Gesetzesänderung müssen jetzt auch ausländische Jugendliche wie ich, die hier im Land leben, ihren Wehrdienst leisten. Für Jungs ist das drei Jahre, für Mädchen zwei Jahre lang. Jetzt in der elften Klasse beginnt es schon langsam mit speziellen Vorbereitungen. Ich bin nicht begeistert, will mich da aber nicht drücken." Und nach einer unmerklichen Pause: „Wenn es sein muss, dann wird das auch einen Sinn haben."

Als Kriegsdienstverweigerer fällt es mir nicht leicht, mir die hübsche Sofie in Uniform vorzustellen. Für sie und ihre Alterskameradinnen in Israel aber ist das eine vollkommen normale Vorstellung.

„Was ist denn so besonders schön an Israel, dass ihr euch das herausfordernde Leben hier antut?", will ich wissen.

Ute antwortet zuerst: „In Jerusalem zu leben, ist schon etwas ganz Besonderes. Für mich ist diese Stadt tatsächlich das Zentrum der Welt. Beeindruckend fand ich zum Beispiel gleich am Anfang meiner Zeit, dass sowohl am Schabbat als auch unter der Woche Menschen wie selbstverständlich mit dem Gebetbuch vor der Nase durch die Straßen laufen. Frauen und Männer, Junge und Alte. Natürlich sind auch viele Israelis nicht religiös, aber gerade hier in Jerusalem sind die jüdische und auch andere Religionen sehr konzentriert. Manches daran stößt mich ab. Zum Beispiel die Ignoranz, die ich manchmal bei ultraorthodoxen Juden erlebe, oder das aggressive Verhalten mancher jungen Muslime. Aber vieles finde ich wiederum faszinierend. Gerade auch die vielen Gegensätze und Widersprüche. Manchmal denke ich: Dieses Land kann eigentlich gar nicht funktionieren. Aber es klappt irgendwie eben doch."

Sofie nickt und führt den Gedanken ihrer Mutter weiter: „Trotz all der Unterschiede, trotz der verschiedenen Gruppen und Kulturen fühlt sich das ganze Land oft an wie eine große Familie."

Dazu trägt natürlich auch die Bedrohung von außen bei. Israel ist umgeben von vielen Feinden, die das Land am liebsten von der Landkarte verschwinden lassen würden. „Gerade das stärkt den Zusammenhalt und das Gefühl, sich gemeinsam verteidigen zu müssen", erklärt Ute. „Das verbindet sehr."

Bis heute liegt die schusssichere Weste im Schrank bereit, die Burghard sich während der letzten Intifada angeschafft hat. Auch wenn er sich seit Jahrzehnten für palästinensische Kinder und Jugendliche einsetzt, könnte er Ziel von palästinensischem Terror werden. Doch Burghard betont lieber die positiven Seiten seines besonderen Lebens zwischen den verschiedenen Welten:

„Wir sind weder Israelis noch Palästinenser. Unser Platz zwischen den Stühlen birgt aber viele Chancen. Er gibt uns die Möglichkeit, versöhnend und verbindend auf die Menschen einzuwirken. Genau in diese Situation hat Gott Ute und mich hineingestellt. Unsere Kinder sollen wählen können, in welchem Land sie leben und ihre Zukunft gestalten wollen. Wir beten darum, dass dies unter der Leitung unseres Herrn Jesus Christus geschieht."

Wir reden und reden. Genießen die leckeren Speisen und den Wein. Den wertvollen Abend mit wertvollen Menschen. Dass es draußen regnet und inzwischen auch stürmt, beachten wir kaum. Erst als die Zeit zum Aufbruch kommt, nehmen wir die Geräusche von draußen wieder wahr. Wir verabschieden uns. Freuen uns auf nächste Begegnungen. Haben viel Leben geteilt und einander kennengelernt.

Burghard bringt uns durch die feuchte Nacht die paar Kilometer zurück zum LIFEGATE-Gästehaus in Bethlehem. Ich sitze schweigend auf dem Beifahrersitz und lasse den Abend noch einmal Revue passieren. Dabei spüre ich: Der Respekt, den ich für Burghard und seine Familie empfinde, war schon vor diesem Abend groß. Heute ist er noch gewaltig gewachsen.

Kapitel 18

Wie lange
wird es uns noch geben?

Die schwierige Lage der palästinensischen Christen

Was ist denn das plötzlich für eine seltsame Atmosphäre auf dem Krippenplatz in Bethlehem? Still ist es. Unnatürlich still. Gespenstisch still. Ich sehe mich um und versuche herauszufinden, was hier los ist.

Denn eigentlich geht's auf diesem Platz sonst immer rund. Jedes Mal, wenn ich in den vergangenen Jahrzehnten hier war, drängten sich die Menschen. Hupten Taxis im Kampf um zahlungskräftige Kundschaft. Machten fliegende Händler und Ladenbesitzer wortgewaltig auf ihre Ware aufmerksam. Und staunten Touristengruppen aus aller Damen und Herren Länder der Welt: asiatische. Afrikanische. Amerikanische. Europäische. Vielfarbige Menschentrauben, die hinter ihren Guides herlaufen. Und die schnell noch einen Schnappschuss vom Krippenplatz machen, bevor es zum wichtigsten Ziel der Reise geht:

Zur Geburtsgrotte tief unter dem Altar der uralten Geburtskirche. Genau hier soll Jesus geboren sei. Das Licht der Welt, der Retter.

Für Christen ein einzigartiger Ort. Schon im zweiten Jahrhundert erinnerten sie sich hier an die Geburt ihres Herrn. Kaum dreihundert Jahre nach Tod und Auferstehung Jesu wurde hier eine Kirche gebaut – über ein Höhlensystem, in dem einst die Hirten der Stadt ihre Tiere unterstellten. Und in dem auch Josef und seine schwangere Frau Zuflucht gefunden haben sollen. Ein Ort mit langer Geschichte. Und mit einer besonderen Aura. Kein Wunder, dass die Geburtskirche bis heute ein absoluter Publikumsmagnet ist.

Als ich im Mai zum letzten Mal hier war, musste ich mit meiner Gruppe nach langem Warten unverrichteter Dinge wieder abziehen: zu großer Andrang. Zu viel Stau auf dem Weg von der Kirchentür bis zur Grotte. Stundenlanger Stau. Doch heute, an einem kühlen Tag Anfang Dezember, habe ich die Chance genutzt. Bin durch die niedrige Tür in die prachtvoll restaurierte Kirche geschlüpft. Hab mir schnurstracks meinen Weg zu den Stufen nach unten gesucht. Bin die paar Treppen hinuntergestiegen. Und stand dann vor der Geburtsgrotte. Vollkommen allein. Der letzte Japaner ist gerade schon nach draußen verschwunden. Die nächste russische Touristin hinter mir kämpft noch damit, die steilen Stufen nach unten in Stöckelschuhen zu bezwingen.

Ich verharre einen Moment. Hier also soll es gewesen sein.

Der silberne Stern, der in den Boden eingelassen ist, zeigt die Stelle. Erhabene Gefühle stellen sich nicht bei mir ein. Aber ich bin auf einzigartige Weise berührt.

„Und wäre Jesus tausend Mal in Bethlehem geboren und nicht in dir – es wäre alles umsonst", hat Angelus Silesius gesagt.

Seltsam, dass mir dieser Satz gerade hier durch den Kopf

geht. Auf die lebendige Beziehung zwischen dem mensch-gewordenen Sohn Gottes und uns Menschen kommt es an. Nicht auf irgendwelche „heiligen Stätten" oder auf bestimmte Rituale.

Ich weiß das und will es auch leben. Trotzdem tun mir Er-innerungsorte wie die Geburtsgrotte gut. Und fast noch mehr die ein paar Meter weiter gelegene Hieronymus-Grotte, der ich auch noch einen kurzen Besuch abstatte.

Kirchenvater Hieronymus hätte ich gerne kennengelernt. Ein aktiver, produktiver, impulsiver Christ. Einer, der seinen Glauben sehr ernst nahm. Und der dabei nicht selten übers Ziel hinausschoss. Einer, der in der Einsamkeit einer Grotte, ganz nah am Geburtsort Jesu, das komplette Alte Testament ins Lateinische übersetzte. Eine – pardon – Heidenarbeit, grund-legend wichtig für die weitere Entwicklung der Christenheit.

Unfassbar, welche Wirkung von diesem Höhlensystem hier unter der Kirche ausging.

Schön, dass ich mich hier wieder kurz daran erinnern kann. Anschließend schlängle ich mich durch einige frisch eingetrof-fene Touristengruppen hindurch aus dem Kirchengebäude he-raus in Richtung Krippenplatz.

Ein riesengroßer Weihnachtsbaum erwartet mich dort. Bunt geschmückt. Seine Botschaft: Hier ist Bethlehem. Hier steht die Wiege des Christentums. Hier wird bald Weihnachten ge-feiert. Das alles habe ich vor Augen und im Kopf.

Doch dann nehme ich plötzlich diese merkwürdige Stille wahr. Auf dem Krippenplatz parken jetzt Dutzende von Autos, die ich hier vorhin noch nicht wahrgenommen hatte. Gleich dahinter stehen Männer: junge. Mittelalte. Alte. Teenager in modischen Jeans. Greise in Gewändern aus Tausend und einer Nacht. Alle schweigen. Kein Auto bewegt sich mehr. Der Krip-penplatz hält die Luft an.

Bis eine verzerrte Stimme die Stille zerreißt.

Der Muezzin ruft aus einem bis an die Schmerzgrenze aufgedrehten Lausprecher die frommen Muslime zum Gebet. Schweigend ordnen sich die Männer in langen Reihen nebeneinander an. Legen Teppiche, Stoffe, Kartons vor sich auf den Boden. Knien sich hin. Verneigen sich tief in Richtung Mekka. Ehren ihren Propheten Mohammed.

Dann wieder Stille. Ich wage kaum zu atmen. Setze nur ganz langsam einen Schritt nach dem anderen. Beim Vorbeischlendern bemerke ich: Die Männer sammeln sich hier draußen, weil in der Moschee an der Ecke kein Platz für so viele Beter wäre. Einige Hundert dürften es sein. In den Gassen, die zum Krippenplatz hinführen, entdecke ich weitere lange Reihen von Betern.

Ich bin hin- und hergerissen. Die Inbrunst der Männer beeindruckt mich. Ihr Ernst. Die Selbstverständlichkeit, mit der sie ihren Glauben in aller Öffentlichkeit ausüben. Ich stelle mir einen Moment lang vor, vor dem Kölner Dom würden sich Tausende von Christen so engagiert zum öffentlichen Gebet treffen. Oder vor der kleinen Friedenskirche in Marktheidenfeld bei mir zu Hause …

Doch ich spüre auch: Was ich da vor mir sehe, macht mir Angst. Tausend Fragen wirbeln mir durch Kopf: Muss der Lautsprecher des Muezzin ausgerechnet den christlichen Krippenplatz in dieser überdrehten Lautstärke beschallen? Ist der (mir leider unverständliche) Inhalt der Worte so aggressiv, wie er in meinen Ohren klingt? Ist das hier ein öffentliches Gebet oder ist es ein politisches Statement?

Mir fällt ein: Bei meinen Reisen in Israel habe ich in den letzten Jahren immer öfter davon gehört, dass viele palästinensische Christen ihre Heimat verlassen. Warum?

Die Antwort auf diese Frage fiel höchst unterschiedlich aus. Sie hing davon ab, wen ich fragte. Einige Palästinenser sagen mir: Daran sei die israelische Besatzungsmacht schuld. Palästinenser dürften nicht frei reisen. Dürften sich im eigenen Land nicht frei bewegen. Seien Schikanen und Willkür ausgeliefert. Hätten kaum Aussicht auf gute Jobs.

In Israel wiederum hörte ich oft: Die meist gut ausgebildeten Christen im Westjordanland verzweifelten daran, dass sie in der palästinensischen Autonomie immer mehr an den Rand gedrängt würden. Dass sie keine Entwicklungschancen hätten. Dass sie als Bürger zweiter Klasse behandelt würden, nur weil sie Christen sind. Wenn sie es sich leisten könnten, schickten christliche Palästinenser ihre Kinder zum Studieren ins Ausland. Und kämen nicht selten nach.

All diese Argumente gehen mir durch den Kopf, während ich hier auf dem Markplatz der „christlichsten" aller Städte stehe. Während ich die vielen betenden Muslime beobachte. Und dann drängt sich mir die Frage auf: Wie empfinden eigentlich die palästinensischen Christen hier im Land ein solch öffentliches Gebet von Muslimen?

Erst mit etwas zeitlichem Abstand fällt mir ein, wem ich diese Frage stellen werde: meinem Freund Johnny Shahwan. Johnny ist in den Neunzehnhundertsechziger Jahren in Beit Jala geboren. Hier aufgewachsen als Teil einer traditionell christlichen Familie, die zur Griechisch-Orthodoxen Kirche gehörte. In Kanada und Deutschland dann erlebte Johnny als junger Mann eine Lebenswende. Fand zu einem lebendigen Glauben an Jesus Christus. Studierte Theologie. Und kam gemeinsam mit seiner deutschen Frau Marlene zurück nach Beit Jala, um als Pastor und Seelsorger das Licht des Evangeliums aufleuchten zu lassen.

Mit wenigen Worten schildere ich Johnny mein Erlebnis vom Krippenplatz. Und spüre: Ich habe da einen für ihn wunden Punkt getroffen.

„Christoph, ich bin schon in vielen arabischen Ländern unterwegs gewesen", erzählt Johnny mir nachdenklich. „Aber ich habe das bisher noch nirgendwo so massiv wie in meiner eigenen Heimat erlebt: diese brüllend laut verstärkten Rufe des Muezzin, dazu noch die demonstrativen Lesungen von Koran-Suren. Für viele Christen hier ist das nicht nur eine Ruhestörung. Es macht uns richtig Angst."

Früher hätten Christen und Muslime hier in der Provinz Bethlehem in guter Nachbarschaft und ohne Spannungen zusammengelebt, berichtet Johnny mir. Wenn mal eine Kirche einen Gottesdienst unter freiem Himmel veranstaltete, dann machte die eben kurz Pause, sobald der Muezzin sich meldete. Und umgekehrt. Doch im Laufe der letzten zwei Jahrzehnte sei aus dem friedlichen Nebeneinander immer mehr eine unterschwellige Bedrohung entstanden. Nicht nur auf dem Krippenplatz, sondern in allen Bereichen des Lebens.

Johnny zählt auf: Immer mehr Muslime prägten das Straßenbild, die Geschäfte, die Schulen, das öffentliche Leben. Immer mehr Moscheen schössen aus dem Boden. Gleichzeitig sei auch zu spüren: Der Islam werde immer radikaler, immer fanatischer gelebt. Die immer kleiner werdende christliche Bevölkerung kriege immer mehr zu spüren: Ihr seid hier nicht mehr erwünscht. Christen würden Stück für Stück zur Seite geschoben. Ausgegrenzt. Zum Teil aggressiv, zum Teil durch kleine, hartnäckige Schritte.

Natürlich habe es anfangs Klagen gegeben über die viel zu lauten Muezzin-Übertragungen, erzählt Johnny. Nicht nur viele Christen hätten sich deswegen an die Bürgermeister gewandt und sich beschwert. Doch die Klagen seien sinnlos gewesen. Obwohl Bethlehem einen christlichen Bürgermeister hat, konnte oder wollte der nichts tun.

„Wir sind froh, dass es in Bethlehem und in Beit Jala überhaupt noch Christen in Verantwortung gibt", meint Johnny. „Aber wir wissen nicht, ob das nach der nächsten Wahl auch noch so sein wird."

Nur noch knapp achtunddreißigtausend Palästinenser hielten sich heute zu einer christlichen Kirche, meint Johnny. Tendenz sinkend. Die allermeisten von ihnen lebten hier, in der letzten christlich geprägten Insel des Landes. In den praktisch zusammengewachsenen Städten Bethlehem, Beit Jala und Beit Sahour.

Besonders schwer hätten es junge Leute aus diesen Familien.

„Viele von ihnen fühlen sich wie verloren. Sie haben keine Ahnung, wie ihre Zukunft hier aussehen soll. Sie sehnen sich nach Freiheit, nach Gerechtigkeit, nach Frieden. Immer wieder fragen die mich ‚Johnny, was sollen wir tun, das Leben geht doch an uns vorbei'"?

Eine Antwort ist das „Beit al Liqa", das Marlene und Johnny Shahwan gegründet haben und leiten. Ein Haus der Begegnung mit Kindergarten, Spielplätzen und Hallenbad. Mit Bibelkreisen für Kinder, Jugendliche und Frauen. Und mit der liebevollen Einladung, sich ganz auf den liebenden Gott einzulassen, der ein paar Kilometer weg von hier als Mensch geboren wurde.

„Wir können mit unserer Kraft keine politische Veränderung herbeiführen", erklärt Johnny. „Wir können nur auf die Macht Jesu vertrauen. Gerade in seinem Land. Gerade in seiner Heimatstadt. Ohne seinen Frieden sehe ich keine Chancen, dass Menschen friedlich zusammenleben können. Gerade weil wir Christen hier inzwischen in der Minderheit sind, sollten wir gemeinsam für den Frieden kämpfen und Gott die Chance geben, dass er handelt. Wenn er handelt, bringt das Früchte der Veränderung."

Was genau meint Johnny mit „Früchten der Veränderung"? – Zum Beispiel die christlichen Familien aus seinem

Bekanntenkreis, die nach einigen Jahren im Ausland zurückkehrten und jetzt hier in der Gesellschaft mitwirken möchten. Und so manchen jungen Erwachsenen, der nach einer guten Ausbildung einen Arbeitsplatz im Beit al Liqa gefunden hat und seine Zukunft jetzt hier planen kann.

Die ganze Zeit über haben wir von den Christen im Westjordanland gesprochen. Eine spannende Frage muss ich Johnny aber doch noch stellen: Kann er sich vorstellen, dass sich die Lage hier einmal so zum Schlimmen wenden könnte wie im Gazastreifen?

Johnny überlegt. Natürlich gebe es große Unterschiede zwischen der Situation im von der Hamas regierten Gazastreifen und der hier in der palästinensischen Autonomie, meint er. Und erstaunt mich mit seinen nächsten Sätzen sehr:

„Hier bei uns verhindert der Einfluss Israels bisher Schlimmeres. Die islamistischen Fanatiker haben im Hinterkopf: Wenn sie gegenüber den Christen zu weit gehen würden, dann könnte Israel jeden Moment eingreifen. Wenn es diesen Einfluss Israels nicht gäbe, dann könnten wir Christen im Westjordanland sehr schnell ähnlich schlimme Zustände erleben wie unsere Geschwister in Gaza."

Gaza.

Lifegate, das Thema meines Buches, liegt nicht dort, sondern eben in Beit Jala bei Bethlehem. Doch der Gazastreifen beginnt gerade mal sechzig Kilometer Luftlinie von hier. Und das Schicksal der Christen dort ist auch hier im Westjordanland greifbar nahe: Seit 2007 regiert in diesem schmalen Küstenstreifen die radikalislamische Hamas. Eine Terrorgruppe. Und nicht die einzige, die im Gaza-Streifen aktiv ist. Besonders zu leiden unter ihrer Herrschaft haben die wenigen palästinensischen Christen, die es im Gazastreifen noch gibt.

Wenn ich die Lage der palästinensischen Christen begreifen will, muss ich mich noch genauer nach den Zuständen in Gaza erkundigen.

Ich spreche deshalb mit Khader Khoury. Der stammt aus Gaza, lebt aber heute in Beit Sahour. Als die Hamas an die Macht kam, war er zweiter Pastor einer kleinen Freikirche mit etwa hundert Mitgliedern in Gaza.

Wir treffen uns in der Cafeteria von LIFEGATE. Khader ist ein ruhiger, nachdenklicher Mann. Er wählt seine Worte sorgsam, hört gut zu, versucht, mir seine Erfahrungen und seine Position verständlich zu vermitteln.

Warum er denn nicht mehr im Gaza-Streifen lebe, will ich wissen. Khader holt aus … und erzählt eindrücklich.

So erfahre ich: Zu seinem Freundeskreis gehörte Rami, ein damals dreißigjähriger Familienvater. Aufgewachsen in griechisch-orthodoxer Tradition, hatte Rami sich entschieden, bewusst als Christ zu leben. Er ließ sich taufen und trat Khaders Freikirche bei. Bald fing er an, im kleinen Buchladen der palästinensischen Bibelgesellschaft zu arbeiten. Dieser einzige christliche Buchladen im Gazastreifen war schon oft Zielscheibe von Extremisten gewesen. Bedrohungen waren an der Tagesordnung. Auch Bomben und Brandsätze kamen zum Einsatz.

Warum auch immer die Islamisten es gerade auf den friedfertigen Rami abgesehen hatten – immer häufiger versuchten sie, ihn einzuschüchtern. Warnten ihn. Forderten ihn ultimativ auf, seinem christlichen Glauben abzuschwören und Muslim zu werden. Sonst …

Im Oktober 2007 kidnappen radikale Islamisten Rami. Zwar kann er noch seine Familie und auch seinen Freund Khader anrufen und versuchen, sie zu beruhigen. Doch schon wenige

Stunden nach der Entführung wird seine Leiche entdeckt. Mit Schüssen im Kopf und Knochenbrüchen. Rami wird zum ersten Märtyrer der palästinensischen Christen. Nur weil er treu zu Jesus Christus gehalten hat.

Für seine christlichen Freunde, besonders für seinen Freund Khader, ist sein Tod ein Schock. Angst macht sich breit – in der kleinen Gemeinde. Bei Khader. Bei all den etwa dreitausend Christen, die zu dieser Zeit noch im Gaza-Streifen leben.

„Und dann bekam ich plötzlich selbst einen Anruf von einem fanatischen Muslim, der mich schon seit der Uni auf dem Kieker hatte", berichtet Khader weiter. „Er wollte sich mit mir treffen, unbedingt. Er versuchte, mich einzuschüchtern. Und er suchte Christen aus meinem Bekanntenkreis auf und bedrohte auch sie.

Ich betete und spürte immer mehr: Ich könnte das nächste Opfer sein. Ich muss Gaza verlassen. Diese Entscheidung zu treffen, war sehr schwer für mich. Ich wollte meine Eltern und meine Gemeinde auf keinen Fall verlassen, aber es wurde immer klarer: Hier kann ich nicht bleiben."

Christen, die im Gaza-Streifen leben, dürfen zu hohen christlichen Festen nach Bethlehem reisen. Khader nutzt dieses Zugeständnis der israelischen Regierung – und bleibt im Westjordanland. Erst als Illegaler. Nach ein paar Jahren wird sein Status legalisiert, er bekommt normale Papiere. Inzwischen ist auch seine Mutter nachgekommen. Khader hat in Beit Sahour geheiratet und Familie gegründet. Er ist Pastor einer kleinen Freikirche, die er aus einem Hausbibelkreis aufgebaut hat, und arbeitet in der örtlichen Allianz evangelischer Gemeinden mit.

Und er betreut einen Bibelkreis bei LIFEGATE. Zunächst hatten sich einige LIFEGATE-Mitarbeiter gelegentlich zum Bibellesen in der Wohnung von Richard getroffen. Der Kreis wuchs und wuchs, traf sich regelmäßig und lud irgendwann Khader ein. Seitdem betreut Khader die Gruppe, zusammengesetzt aus Orthodoxen, Katholiken, Protestanten, Freikirchlern. Frömmeren und weniger frommen. Liest mit ihnen die Bibel. Beantwortet ihre Fragen. Steht ihnen als Seelsorger bei.

Einmal in der Woche trifft sich der Kreis von LIFEGATE-Mitarbeitern. Mal kommt ein Dutzend Menschen, mal deutlich mehr. Ganz langsam, ganz organisch soll diese Gruppe wachsen, wünscht sich Khader. Er will nichts überstürzen, niemanden überfordern. Glaubwürdig einladen zu einem Leben mit Christus.

Manche sind zwar Kirchenmitglieder, haben sich bisher aber noch wenig mit dem Glauben beschäftigt. Sie suchen nach einer lebendigen Beziehung zu Jesus. Sie alle erleben die wöchentlichen Andachten für Mitarbeiter bei LIFEGATE, die in der Regel von Burghard Schunkert gehalten werden. Sie erleben, dass im Mittelpunkt der Arbeit nicht Geld oder Anerkennung stehen, sondern das christliche Menschenbild. Und so interessiert sich mancher, der früher nur ein-, zweimal im Jahr einen Gottesdienst besucht hat, genauer für den Glauben. Entdeckt sein ganz persönliches Christsein neu oder zum ersten Mal.

Und Khader freut sich, sie dabei zu unterstützen. Sein Platz ist heute hier, in der Provinz Bethlehem, das betont er immer wieder in unserem Gespräch. Und doch ist ein Teil seines Herzens in Gaza geblieben. Mit großer Sorge verfolgt er die Lage dort.

Eine Rückkehr kommt für ihn nicht infrage. Der Druck auf die Christen sei weiter gestiegen, berichtet er. Viele seien inzwischen ebenfalls geflohen. Vielleicht sechs-, siebenhundert seien geblieben. Khaders einstige Gemeinde zählt heute nur noch etwa vierzig Mitglieder. Die säßen alle auf gepackten Koffern, berichtet Khader.

„Ich bete für die Christen, die den Auftrag haben, in Gaza zu bleiben, dass der Herr sie stark macht und schützt." Sagt Khader. Und dann schweigt er.

In die Stille hinein denke ich noch einmal an das öffentliche Gebet auf dem Krippenplatz, das mich zu diesem Thema gebracht hat.

Ein Satz fällt mir ein, den Beit Jalas Bürgermeister Khamis mir am Ende unseres Gesprächs mitgab: „Hier bei uns ist Jesus geboren. Es wäre doch falsch, wenn ausgerechnet hier keine Christen mehr leben würden, oder? Ich wundere mich darüber, dass sich so wenige Christen in der Welt für dieses Problem interessieren."

Kapitel 19

Eine Oase mitten in Bethlehem

Ausbildung und Gastfreundschaft
im Gästehaus „LIFEGATE Garden"

Vor dem Eingang des LIFEGATE-Garden-Gästehauses in Bethlehem herrscht gute Stimmung. Morgens gegen acht Uhr ver-
sammeln sich hier einige junge Männer, die in der hiesigen
Gesellschaft sonst wohl kaum eine Chance zum Lernen und
zu einer Ausbildung bekommen. Der eine wirkt eher in sich
gekehrt und ein bisschen ängstlich. Der andere fröhlich, breit
grinsend, jeden Neuankömmling herzhaft umarmend. Manche kommen vorsichtig angeschlurft, das Täschchen mit dem
Pausenbrot wie eine schwere Last in den Händen. Andere tän-
zeln diesem Tag entgegen wie Kindergartenkinder.

Begrüßt werden sie von Friedrich Köster, der sich heute wieder
um ihre Ausbildung kümmern wird. Friedrich ist ein weißhaa-
riger Pensionär Ende sechzig. Er verfügt über eine natürliche
Autorität. Hat sein Berufsleben lang in Deutschland als Lehrer
und Schulleiter gearbeitet. Und er steht vor einer ganz besonders kniffligen Aufgabe: Er soll sieben jungen Männern mit

ihren ganz unterschiedlichen Gaben und Grenzen zumindest Grundbegriffe des Gartenbaus beibringen. Er will sie begleiten, ihnen Vorbild sein, mit ihnen trainieren, sie vorbereiten auf eine leichte Tätigkeit „draußen" in der Welt derer, die sich für „normal" halten.

Was Friedrichs Aufgabe besonders herausfordernd gestaltet: Er kann kaum ein Wort Arabisch. Zum Glück ist einer seiner behinderten Jugendlichen sprachlich fit und kann etwas Englisch. So wird Friedrich mit dieser Übersetzungshilfe heute wieder sein Glück versuchen: seiner fröhlichen Truppe in ganz einfachen Schritten zeigen, wie man Samen behandeln muss, damit er gut aufgehen kann. Wie man die aufgegangenen Keime vorsichtig aus der Nährlösung zupft und einpflanzt. Wie man die Pflänzchen gut mit Nährstoffen versorgt, indem man sie in humusreichen Boden umtopft. Wie man sie dann in die Gartenbeete pflanzt und sie durch die Tröpfchenbewässerung feucht hält. Und so weiter.

Während die jungen Männer noch mit Begrüßen und Umarmen beschäftigt sind, schlendern auch einige junge Frauen vorbei. Eine mit offenem Haar. Eine andere mit dem streng gebundenen Kopftuch der frommen Muslimas. Die Frauen senken den Blick, als sie die jungen Gärtner-Azubis erblicken. Gehen an ihnen vorbei, als hätten sie sie nicht wahrgenommen. Auch diese jungen Frauen sind auf dem Weg zu ihrem Ausbildungsplatz: in der Küche oder in der Hauswirtschaft des Gästehauses.

Dort nimmt Angela Köster sie in Empfang. Angela ist Friedrichs Frau, ebenfalls erfahrene Lehrerin, um die fünfzig, jugendlich-frisch in Art und Auftritt. Gemeinsam mit zwei LIFEGATE-Mitarbeiterinnen – die eine Köchin, die andere Hauswirtschaftsleiterin – kümmert Angela sich um die weiblichen Auszubildenden.

Einfache Arbeiten in der Küche. Mitarbeit bei Hausputz und Pflege des Hauses – das sind die „Fächer", die die jungen Frauen hier lernen. Ebenfalls ganz langsam, Schritt für Schritt, ohne Druck. Manche Frau schafft an manchem Tag nur eine Tätigkeit, zum Beispiel das Falten von Servietten. Ganz exakt, ganz präzise – aber bitte sonst keine weitere Aufgabe an diesem Tag.

Entsprechend behutsam gehen die Ausbilder vor. Doch ihr Ziel ist klar: Nach zwei, drei Jahren Ausbildung und Erfahrung hier im Gästehaus sollten zumindest einige der Jugendlichen auch „draußen" anheuern können. In einem ganz normalen Hotel, in einem Restaurant oder einem Gartenbaubetrieb. Die Zeit hier ist für sie die Zwischenstation zwischen beschützender Werkstatt und „richtigem" Leben.

Angela und Friedrich arbeiten also mit an der Zukunft der zurzeit zwölf Auszubildenden im „LIFEGATE Garden". Und ganz nebenbei sorgen sie dafür, dass Einzelgäste und ganze Gruppen einen gut gepflegten Garten vorfinden, saubere Zimmer und leckeres Essen.

Das Besondere an den beiden: Sie gehören nicht zu den Angestellten von LIFEGATE. Sie helfen ehrenamtlich mit. Haben sich für ein Vierteljahr aus ihren Verpflichtungen in Deutschland herausgenommen. Kösters stammen aus Georgsmarienhütte bei Osnabrück. Sie haben dort Familie, Freunden und Kollegen erklärt, dass sie mal ein Vierteljahr weg sind. Und Gutes tun wollen. Bei LIFEGATE in Beit Jala.

Ohne Ehrenamtliche wie Angela und Friedrich geht nichts bei LIFEGATE. Schon vom ersten Tag der LIFEGATE-Geschichte an ist das so. Ehrenamtliche, die als Freiwillige für ein Jahr oder länger nach Beit Jala kommen und dort anpacken. Junge Frauen und Männer, die nach Schule oder Ausbildung ein Soziales Jahr im Ausland machen. Aber auch erfahrene Fachfrauen und

Fachmänner – Therapeuten, Orthopäden, Handwerker, Pädagogen –, die Geld und Karriere hintan stellen und helfen.

Ehrenamtlich für LIFEGATE tätig sind auch viele engagierte Menschen in Deutschland:

Renate und Alfred Becker aus Ebern bei Bamberg zum Beispiel, die jedes Jahr bei Dutzenden von Weihnachtsmärkten, Kirchencafés und anderen Veranstaltungen LIFEGATE-Produkte zum Kauf anbieten. Und so einen ganz regelmäßigen Spendenstrom fließen lassen.

Und Ursula Neubert, die jahrelang vor Ort in Beit Jala angepackt hat, seit ihrer Rückkehr im Verein mitarbeitet und alle Jahre wieder im Westjordanland nach ihren früheren Schützlingen sieht.

Und Andreas Kaufer-Moreth und seine Frau Maria aus Hanau. Die dafür sorgen, dass die Sternsinger-Gruppen ihrer katholischen Kirchengemeinde für LIFEGATE sammeln. Und die selbst von Zeit zu Zeit nach Beit Jala fliegen, um dort graue Wände des LIFEGATE-Zentrums in farbenfrohe Gemälde zu verwandeln.

Und der Geochemiker Volker Metz, der als Freiwilliger bei LIFEGATE war und seit mittlerweile zwei Jahrzehnten zuverlässig und kompetent den LIFEGATE-Rundbrief zusammenstellt und gestaltet.

Und Rudolf Schöning und Wolfgang Haubold, Orthopädieschuhmachermeister im Ruhestand, die jedes Jahr LIFEGATE besuchen, um vielen Menschen Einlagen und orthopädische Schuhhilfen zu bauen.

Und die „Sächsischen Israelfreunde", die Fachhandwerker entsenden, um bei Renovierungsarbeiten mitzuhelfen.

Und und und.

Viele Menschen engagieren sich ehrenamtlich im und mit dem Verein „Tor zum Leben – LIFEGATE Rehabilitation". Andere beim LIFEGATE-Shop. Oder in der Öffentlichkeitsarbeit.

Ohne Ehrenamtliche wären all diese Arbeitsbereiche nicht zu stemmen. Nur zwei halbe Personalstellen hat LIFEGATE in Deutschland. Möglichst viel der eingehenden Spenden soll ohne Abzüge direkt in Beit Jala ankommen. Ohne engagierte Ehrenamtliche undenkbar.

Und so haben sich eben auch Angela und Friedrich aufgemacht und sind gekommen, um zu helfen. Drei Monate lang arbeiten sie verantwortlich mit in einem neuen Arbeitszweig von LIFEGATE. Legen die Grundlagen für eine „Ausbildung light", die jungen Erwachsenen mit Behinderungen ganz neue Lebenschancen eröffnen kann. Dabei betonen beide aber wieder und wieder: Was wir hier begleiten, sind kleine, kleinste erste Schritte.

Friedrich erklärt es mir konkret: „Jeder einzelne der Jugendlichen hier braucht eine ganz individuelle Förderung. Ich versuche, erst einmal herauszufinden: Was kann er schon? Welche Unterstützung hat er? Immerhin ist es ja schon eine Leistung, dass die Jugendlichen jeden Morgen frisch gewaschen und mit sauberen Kleidern hier angekommen sind. Viele bringen geschmierte Brote mit. Da ist vielleicht irgendwer in der Familie, der ihnen hilft, dass sie zur Ausbildung kommen." Und genau bei dem, was schon da ist, setzt Friedrich an. Langsam. Geduldig. Aber beharrlich. Auch bei den Jugendlichen, bei denen er komplett bei null anfangen muss.

Gemeinsam mit anderen ein einfaches Treibhaus aus gebrauchten Plastikflaschen bauen. Salatpflänzchen im richtigen Abstand in gut vorbereiteten Boden stecken. Ein winziges Loch in den Wasserschlauch bohren – genau dort, wo die Pflanze wächst. All diese einfachen Tätigkeiten macht Friedrich erst vor. Und dann noch mal vor. Und noch mal.

Danach versuchen seine Schützlinge, es ihm nachzumachen. Learning by doing. Ohne viele Worte. Intuitiv. Mancher kann das auf Anhieb umsetzen. Mancher kommt schnell an seine Grenzen und verkrampft sich. Mancher scheint schon am nächsten Morgen alles komplett vergessen zu haben.

Ein ganz wichtiger Faktor bei allen Ausbildungsschritten: Die jungen Leute erleben dabei Anerkennung und Wertschätzung. Von Friedrich und von Angela. Von den LIFEGATE-Angestellten, die sie betreuen. Von Burghard Schunkert, der immer mal vorbeischaut und sich über jeden Fortschritt freut. Und immer öfter auch von den Gästen, die im LIFEGATE Garden ein paar Stunden verbringen. Oder ein paar Tage. Oder mehrere Wochen.

Von einem Gästehaus träumte Burghard Schunkert schon lange. Eigentlich hatte er vor, dazu noch zwei zusätzliche Stockwerke auf das LIFEGATE-Zentrum zu setzen. Sein Traum: ein Gästehaus für Menschen, die sich für LIFEGATE interessieren. Speziell auch für Menschen mit Handicaps. Denn behindertengerechte Einrichtungen haben Israel wie das Westjordanland bisher kaum zu bieten. All diese Gäste würden betreut und versorgt von Menschen mit Behinderungen.

Ein Projekt mit vielen Vorteilen für alle Beteiligten: Ausbildung, Berufserfahrung und ein kleines Gehalt für LIFEGATE-Schützlinge. Ein gemütliches Quartier mit Anschluss an die LIFEGATE-Familie für die Gäste.

Die Pläne für das Projekt lagen schon in Burghards Schublade bereit. Wenn das konzipierte Gästehaus gut laufen würde, könnte es einen großen Teil der LIFEGATE-Kosten tragen, hatte Burghard ausgerechnet. Rein theoretisch.

Dann aber ändert ein Anruf im Jahr 2017 alle Zukunftspläne. Burghard erfährt, dass ein Kloster in Bethlehem nach einem Pächter für ein Gästehaus sucht. Er wird gefragt, ob LIFEGATE das Projekt nicht übernehmen möchte. „Nein, ich hab genug Arbeit!", ist seine erste Reaktion.

Doch dann besucht er das Kloster, keine drei Kilometer vom LIFEGATE-Zentrum entfernt. Erlebt einen Ruheplatz mitten im turbulenten Bethlehem. Mit Schutzmauern rundherum. Mit viel Grün. Olivenhainen, Zitrusfrüchten aller Art, einem lange nicht mehr gepflegten Gemüsegarten. Mittendrin ein wuchtiger Klosterbau, der schon einige Jahrhunderte Geschichte auf dem Buckel haben dürfte. Und direkt daran angeschlossen ein wenige Jahrzehnte altes Gästehaus.

Burghard schwärmt, als ich ihn auf diese erste Besichtigung anspreche: „Ich dachte sofort: Das hier ist ein wunderbarer Platz. Hier könnten Gäste sich geborgen fühlen."

Auch die zwei im Kloster verbliebenen Patres reagieren fast überschwänglich, als sie von Burghards Interesse hören. Sofort könne LIFEGATE das Gebäude beziehen. Vier Monate lang zur Probe. Kostenlos.

Burghard nutzt das großzügige Angebot. Bittet Gott um Führung. Räumt Bedenken aus dem Weg. Sucht geeignete Mitarbeiter. Verbringt selbst viele Abende und Wochenenden auf dem Gelände, um zu renovieren, zu verschönern, den verwilderten Garten zu zähmen, das neue Projekt LIFEGATE Garden ans Laufen zu kriegen.

Eine Arbeit, die sich lohnt. Heute beschäftigt LIFEGATE Garden fünf Mitarbeiter. Bietet einem Dutzend und mehr behinderten jungen Leuten Ausbildung und Berufserfahrung. Und erweist sich als guter Gastgeber in traumhaftem Ambiente. Allein schon der ehrwürdige Speisesaal im Gewölbe unter dem Kloster! Und die vielen schönen Ecken im Garten rund um Kloster und Gästehaus herum. Und die kleine Kapelle mit der wunderbaren Atmosphäre. Ein guter Ort.

Und das alles in der Nähe zum Zentrum von Bethlehem: Ich brauche zu Fuß keine Viertelstunde bis zum Krippenplatz.

LIFEGATE Garden ist kein Fünf-Sterne-Hotel, sondern ein schlichtes Haus für etwa fünfzig Gäste. Eins, in dem ich mich während meines Aufenthalts sehr wohlfühlen kann. Und in dem ich spannende Persönlichkeiten wie Angela und Friedrich Köster kennenlerne.

„Das hier ist ein ganz besonderes Haus, geprägt von ganz besonderen Menschen", kommentiert Angela nach fast drei Monaten Mitarbeit. „Von Anfang an habe ich gespürt: Das Haus strahlt Wärme aus. Für mich ist es eine kleine Oase, angelehnt an ein altes Kloster."

Angela hat hier inzwischen viele Gäste erlebt, die LIFEGATE gar nicht kannten. Die von einem Reisebüro hierher vermittelt wurden, weil das ursprünglich gebuchte Hotel überfüllt war. Gäste mit ganz unterschiedlichem Interesse, aus ganz unterschiedlichen Ländern und mit ganz unterschiedlichen Glaubenshintergründen.

„Manche waren schon eine Herausforderung für uns", lacht Angela: „Aber am Ende ihres Aufenthalts haben die meisten davon gesprochen, dass sie Freundlichkeit erlebt hatten, Gastfreundschaft und eine wunderschöne Anlage, wie sie sagten. Viele Gäste wurden neugierig, sie wollten wissen, was LIFEGATE denn sei und besichtigten dann das Zentrum in Beit Jala. Wenn sie zurückkamen, waren manche von ihnen wie verwandelt."

Verwandelt und bereichert fühlt sich auch Angela selbst. „Wenn ich beobachte, wie die Jugendlichen in Garten, Küche und Hauswirtschaft kleine Fortschritte machen und sinnvolle Arbeit tun, dann ist das für mich eine geistliche, eine spirituelle Erfahrung. Ich muss da an das Gleichnis von Jesus denken:

Eine Frau verliert eine Drachme, sucht und sucht und freut sich riesig, als sie die Münze endlich wiederfindet (Lukas 15, 8-10). Für mich sind all unsere Jugendlichen hier wie verlorene Drachmen, die gefunden werden, jeden Tag neu. Jeder ein Grund für ein Riesen-Freudenfest!"

Ihr Mann Friedrich fühlt sich bei seiner Arbeit im Klostergarten an ein anderes Gleichnis Jesu erinnert. „Als Jesus vom Barmherzigen Samariter erzählt (Lukas 10,25-37), macht er uns doch klar: Redet nicht groß herum, sondern packt zu und helft. Und genau das geschieht hier. Schau doch selbst: Vier lange Jahre lang verwilderte der Garten. Jetzt darf ich mit meinen Jugendlichen kommen und ihn beleben. Jeder Gast kann sich mit eigenen Augen überzeugen: Hier wächst etwas Lebendiges heran. Ich hoffe, das kann hier immer so weitergehen!"

Kapitel 20

Tag 1 von Shenans neuem Leben

Wie eine aktive Allianz in Jericho und anderswo hilft

Dieser Tag wird alles verändern. Für Shenan wird nichts mehr sein, wie es war. Die Sechzehnjährige und ihre Familie werden eine umwerfende Erfahrung machen. Eine, die Shenans Leben umkrempelt. Heute.

Shenan und ihre Familie leben in Jericho, der – wie es heißt – ältesten Stadt der Welt. Ein paar hundert Meter unter dem Meeresspiegel im Jordantal. Viele Brunnen in der Stadt machen sie zur Palmenoase in einer ausgesprochen trockenen Gegend der Welt. Und das schon seit mehr als achttausend Jahren.

Auch wenn Shenan hier geboren ist – auf eigenen Füßen konnte sie ihre Stadt noch nie erkunden. Sie leidet an einer zerebralen Lähmung. Ihre Beine sind sehr dünn, können sie nicht tragen. Klein, ausgesprochen zart wirkt sie. Viel jünger als sechzehn. Kräftig an ihr sind nur die schwarzen Haare und die Augenbrauen. Seit ihrer Geburt liegt Shenan zu Hause. Selten wird sie vom Vater hochgenommen und aus dem Haus getragen. So wie heute, an einem kühlen, regnerischen Mittwoch im Januar 2019.

Kein Facharzt hat dieses Mädchen je richtig untersucht. Kein Experte je geprüft, wie sie aus ihrer verkrampften Haltung herauszubringen wäre. Im Gegenteil: Als ihre Eltern vor einigen Jahren im Krankenhaus Hilfe für ihre Tochter suchten, wurde ihnen mitgeteilt: Da ist nichts zu machen. Ein hoffnungsloser Fall.

Jetzt aber trägt ihr Vater sie trotzdem auf den Händen in Richtung Zukunft. In einen großen Hotelraum am Rand der Stadt, in dem sonst Hochzeiten und andere Feste gefeiert werden. Der Vater hat davon gehört, dass es für Menschen wie seine Tochter dort heute Hilfe geben soll. Dass sie untersucht werden und Hilfsmittel bekommen für ein besseres Leben.

Ausgerechnet in Jericho. In der Stadt, in der Jesus sich mit dem blinden Bettler Bartimäus unterhielt. Ihm die Augen öffnete. Und ihn zu einem vollkommen neuen Leben befreite.

In der Stadt, in der Jesus den kleingewachsenen Zöllner Zachäus auf seinem Ausguck entdeckte. Ihn anschließend in dessen Zuhause besuchte. Und auch ihm ein komplett neues Leben eröffnete.

Ob Shenan diese Berichte aus dem Neuen Testament kennt? – Schwer vorstellbar. Ihre Eltern sind Muslime. Die Mutter trägt den traditionellen Hijab, das Kopftuch, das die Haare verbirgt und nur das Gesicht freilässt. Der Vater – ein Patriarch um die fünfzig mit eisgrauem Bart – das typische Palästinensertuch gegen Sonne und Hitze. Neun Kinder haben die beiden, das jüngste noch ein Säugling.

Vater und Mutter wirken etwas steif in der ungewohnten Umgebung. Quicklebendig und ein bisschen aufgeregt dagegen eine von Shenans jüngeren Schwestern, die mitkommen durfte. Ein aufgewecktes Grundschulkind, dem etliche Milchzähne fehlen. Und das gespannt und voller Neugier beobachtet, was hier vor sich geht.

Shenan und ihre Familie werden von freundlichen Mitarbeitern begrüßt. Als sie in den großen Raum kommen, merken sie: Alles ist gut für sie vorbereitet. In den Ecken warten jede Menge Rollstühle, Gehhilfen, Kartons voller Ersatzteile und Zubehör.

Shenans Vater legt seine schwerkranke Tochter auf einen bereitstehenden Tisch. Mitarbeiter eilen herbei. Schleppen eine Matratze zum Tisch. Sorgen dafür, dass Shenan weich liegen kann.

Dann wird die Sechzehnjährige untersucht. Sorgfältig. Fachkundig. Liebevoll. Zum ersten Mal in ihrem Leben gründlich. Eine erfahrene Physiotherapeutin prüft, wie beweglich die Glieder Shenans sind. In der Zwischenzeit machen sich zwei Orthopädiemechaniker auf die Suche nach einem passenden Rollstuhl. Ein Rollstuhl, der vorher in den USA einem behinderten Menschen Bewegungsfreiheit ermöglicht hat. Der anschließend gespendet und von den hilfsbereiten „Rollstuhl-Engeln" nach Israel geschafft wurde. Und heute eben weiter bis in die palästinensische Stadt Jericho. Zu Menschen wie Shenan.

In einer Ecke des Raums ist ein anderer Fachmann aktiv: Richard Stepan, der amerikanische Rollstuhlengel. Richard versucht gerade, mit einer kleinen Patientin zu scherzen und Blickkontakt herzustellen. Er wirbt um die Aufmerksamkeit von Fatima, einer kecken Dreijährigen. Mit einer schicken roten Jacke. Mit einer gelben Pudelmütze gegen die Winterkälte. Und mit wunderhübschen schwarzen Kulleraugen. Fatima ist eine kleine Schönheit. Eine, deren Beinchen gelähmt sind.

Richard lächelt Fatima und ihrer jungen Mutter zu. Die Kleine starrt mit großen Augen zurück. Neugierde, aber auch ein bisschen Furcht liegen in diesen Augen. Richard wendet seinen ganzen Charme an und versucht, Fatima für sich zu gewinnen. Er kitzelt sie. Bietet ihr ein nettes Plüschtier zum Spielen an. Albert mit ihr herum. Vergeblich. Fatima lässt ihn abblitzen. Sie schiebt alles weg, was Richard ihr hinhält. Will nichts mit ihm zu tun haben.

Doch auch für Fatima soll der richtige fahrbare Untersatz gefunden werden. Und dazu muss Richard sich ihr nähern, ob sie das einsieht oder nicht. Per Augenkontakt und mit gelegentlicher Hilfe einer Übersetzerin einigt Richard sich mit Fatimas Mama. Nach deren Einverständnis setzt er sich sanft über die Abwehr der kleinen Prinzessin hinweg. Nimmt das Mädchen behutsam hoch.

Fatima brüllt wie am Spieß. „Ich weiß, dass dir das nicht gefällt. Aber nur so kann ich dich untersuchen", flüstert der etwa siebzigjährige rüstige Amerikaner der dreijährigen Palästinenserin ins Ohr. Fatima brüllt, was die Lungen hergeben.

Ein, zwei Minuten nur, dann hat Richard die Stellung von Fatimas Beinen überprüft. Die Kleine darf zurück in die Arme ihrer Mama flüchten. Und Richard weiß jetzt, wonach er suchen muss. Er springt auf und eilt zu den bereitstehenden Rollstühlen. Schnell wird er fündig. Ein reizender Mini-Stuhl für kleine Kinder, das Gestell in schickem Rosa. „Diese Farbe wird ihr gefallen", freut sich Richard. Er hofft, die weinende Palästinenserprinzessin doch noch glücklich stimmen zu können.

Dann prüft er den Stuhl genau durch. Dreht hier an einer Schraube. Verstellt dort noch etwas. Nach ein paar Minuten schon ist der Rolli so weit. Ganz vorsichtig nimmt Richard die weinende Fatima auf den Arm und setzt sie hinein. Richard strahlt: „Passt fast wie angegossen", kommentiert er.

Fatimas Mama nickt voller Dankbarkeit. Fatima aber brüllt und brüllt. Richard stellt noch die Lehne richtig. Gleicht die Fußstützen an. Schnell und konzentriert. Fatima soll jetzt nicht mehr länger warten müssen. Schließlich stimmt alles. Die Kleine, die bisher nicht selbstständig unterwegs sein konnte, hat nun ihren eigenen, genau angepassten Rollstuhl.

Fatimas Mutter redet ihrem Mädchen noch einmal gut zu. Dann nimmt sie den Haltegriff des Stuhls in die Hand. Und dreht mutig ein paar Runden mit ihrem Töchterchen. Fatima bekommt dazu einen Luftballon in die Hand gedrückt. Alle lächeln ihr zu, bewundern sie und ihren fahrbaren Untersatz. Doch die Kleine brüllt immer weiter.

„Ein paar Wochen, dann hat sie sich an den Stuhl gewöhnt. Und dann wird sie froh darüber sein, ihn zu haben!", lächelt Richard. Und freut sich darüber, dass er Fatima helfen konnte – auch gegen ihren momentanen Willen.

Richard eilt weiter zu seinen nächsten Patienten. Kinder, Jugendliche, ältere Herrschaften sind gekommen. Kein Riesenansturm heute, weil die Wege aus den umliegenden Dörfern wegen des Regens rutschig sind. Trotzdem gibt's jede Menge zu tun für all diese Menschen, die Hilfe brauchen. Weil es kein Gesundheitssystem gibt, das ihnen zur Seite stehen würde. Weil sie angewiesen sind auf LIFEGATE und die anderen Hilfsorganisationen. Auf Richard und all die anderen Helferinnen und Helfer hier.

Richard schraubt und misst aus und passt an. Nicht als abgehobener Experte, sondern als warmherziger Menschenfreund. Er macht gerne den Clown und bringt seine kleinen Klienten zum Lachen. Er reißt Witze und verliert doch keinen Augenblick lang sein Ziel aus den Augen: Jeder gehandicapte Mensch soll einen passenden Rollstuhl bekommen, der ihm möglichst viel Bewegungsfreiheit einräumt.

Deswegen arbeitet Richard seit einigen Jahren bei LIFEGATE in Beit Jala. Deswegen fährt er gelegentlich mit seinem Team nach Jordanien und versorgt dort Flüchtlinge aus dem Irak und aus Syrien fachkundig mit Rollstühlen. Deswegen tut er genau das Gleiche auch in einigen israelischen Altersheimen, wo schwerkranke Holocaust-Überlebende auf Hilfe angewiesen sind.

Und deswegen hat Richard auch die Aktion hier in Jericho ins Rollen gebracht.

Im Laufe der vergangenen Jahre hat er dazu eine Reihe von LIFEGATE-Mitarbeitern in die Kunst des sachgerechten Umgangs mit Rollstühlen eingewiesen. Er hat ehrenamtliche Helfer aus den USA und anderen Ländern geschult. Er hat den Anstoß gegeben für die Verteilaktion, zu der jährlich Helfer nach Jericho kommen – und inzwischen immer mehr Menschen aus Jericho und Umgebung, die diese Hilfe dringend brauchen.

Heute arbeiten sage und schreibe fünf verschiedene Organisationen Hand in Hand für die gute Rollstuhl-Sache von Richard:

Seeds of Hope (Samen der Hoffnung), eine Hilfsorganisation christlicher Palästinenser, die hier in Jericho ihre Zentrale hat. Ihr Gründer und Leiter Tass Saada war früher Scharfschütze der PLO und Leibwächter Jassir Arafats. Als er Christ wurde, schwor er der Gewalt ab. Und gründete eine Organisation, die Bildung, Gerechtigkeit und Zukunftsperspektiven in der palästinensischen Gesellschaft verbreiten will.

Joni and friends international, die rührige Organisation der durch den biografischen Film „Joni" weltbekannten Amerikanerin Joni Eareckson Tada. Selbst an den Rollstuhl gefesselt, macht die tapfere Frau durch Bücher, Vorträge und ein Netz von Hilfswerken unzähligen Betroffenen Mut und hilft ihnen ganz praktisch.

Das christliche Hilfswerk *GAIN, Global Aid Network,* in dem Ehrenamtliche von Deutschland, Amerika und anderen Staaten aus Gutes in Entwicklungsländern tun.

Die *„Rollstuhl-Engel"* aus Montana/USA, die Kumpels von Richard, die fleißig und zuverlässig gebrauchte Rollstühle und Zubehör sammeln und dann nach Israel schicken.

Und schließlich LIFEGATE aus Beit Jala.

Alle zusammen eine starke Gemeinschaft. Hilfsbereit. Engagiert. Zupackend. Christen, die nicht von Nächstenliebe reden. Sondern sie leben.

Diese Liebe bekommen heute auch die sechzehnjährige Shenan und ihre Familie zu spüren. Zwei Stunden lang haben Mitarbeiter den Rollstuhl für Shenan genaustens vorbereitet. Jetzt steht er bereit. Shenan hat inzwischen schon intensive Hilfe erlebt. Barbara Könnecke, Ergotherapeutin aus Lübeck und gerade ein halbes Jahr lang als Freiwillige bei LIFEGATE, hat mit ihr gearbeitet. Denn auf das, was jetzt kommt, muss Shenan sehr gut vorbereitet werden.

Ganz behutsam hilft Barbara dem spastisch verkrampften Teenager dabei, die Muskeln zu entspannen. Liebevoll, mit viel Körperkontakt dehnt sie die verkrümmten, extrem dünnen Beine.

Shenan hat noch nie zuvor in ihrem Leben gesessen. Darum nimmt Barbara sie langsam und vorsichtig auf den Schoß. Stützt sie von hinten. Spricht mit ihr, um sie zu beruhigen. Und gewöhnt sie so ganz langsam an die bisher vollkommen ungewohnte Position.

Jede zu schnelle Bewegung könnte Übelkeit auslösen – etwa so, wie viele Menschen es auf einer Achterbahn erleben.

Erst ist Shenan voller Angst und entsprechend verkrampft. Doch ganz allmählich lösen sich Angst und Krampf. Barbara erfindet spontan ein paar Spiele, die Shenan zum Lachen bringen und auflockern: etwas Zucker in einen Luftballon, dann aufblasen – schon kann Shenan mit einer kleinen Rassel spielen. Und sich dabei lächelnd entspannen. Barbara bezieht ins Spiel auch Shenans jüngere Schwester ein. Während die beiden Schwestern spielen und kichern, gewöhnt Shenan sich an den Rollstuhl.

Als sie dann einigermaßen sicher darin sitzt, schickt Barbara die beiden Schwestern los. Die jüngere schiebt die ältere quer durch den großen Raum. Ein wenig verlegen. Doch auch sichtbar stolz. Shenan muss nicht mehr herumliegen. Shenan kann ihre Umgebung aus einer neuen Perspektive wahrnehmen. Zum ersten Mal in ihrem Leben. Nicht ganz auf eigenen Beinen. Aber fast.

Am Ende versammelt sich die Familie zum Abschiedsfoto. Shenan im Rollstuhl in der Mitte, ihre Schwester, ihre Mutter, ihr Vater, dazu Barbara, und einige weitere der ehrenamtlichen Helfer, die sich um Shenan, ihren Rollstuhl oder ihre Familie gekümmert haben. Ein Foto, das gleich noch zum Mitnehmen ausgedruckt wird. Die Familie freut sich riesig darüber.

Für Shenan ist heute Tag eins ihres neuen Lebens. Ab sofort muss sie nicht mehr auf dem Boden herumliegen. Sie ist beweglich geworden. Sie kann das Leben ganz anders angehen als bisher. Ein gewaltiger Unterschied für sie und ihre gesamte Familie.

Die Eltern sind erleichtert, dass ihre Tochter so gute Hilfe bekommen hat. Sie staunen darüber, mit wie viel Wertschätzung ihr krankes Kind gesehen und behandelt wird. Und bitten darum, am nächsten Tag wiederkommen zu dürfen – um dann zu lernen, was sie selbst zur weiteren Entwicklung ihres Kindes beitragen können.

Barbara wird sich einen Tag später tatsächlich noch einmal Zeit für sie nehmen. Wird noch einmal nach Shenan und dem Rollstuhl sehen. Wird ihnen ein spezielles Kissen überreichen, extra für Shenan hergestellt, das ihren Spasmus hemmen soll. Wird den Eltern einfache Übungen zur Muskelentspannung zeigen, mit denen sie ihrem Kind helfen können. Wird ihnen sagen, wie genau sie Shenan tragen sollen. Wie in den Rollstuhl setzen. Mit welchen Berührungen Gutes für sie tun.

Allmählich geht für Barbara, Richard und das große Team von Fachleuten und ehrenamtlichen Helfern ein langer Arbeitstag zu Ende. Hand in Hand haben sie gearbeitet. Orthopädie-Mechaniker, Physiotherapeuten, Übersetzer, viele ehrenamtliche Helfer, die für die Aktion extra auf eigene Kosten aus den USA angereist sind. Insgesamt an die vierzig Aktive. Viele von ihnen engagierte Christen. Nach jedem Erinnerungsfoto haben sie den Familien angeboten, für die kleinen Patienten und ihr Leben zu beten. Nicht wenige der Muslime haben das Angebot der Christen dankbar angenommen.

In Jericho erleben nicht nur Bartimäus und Zachäus eine einzigartige Begegnung. Und den Start in ein neues Leben. Sondern auch Menschen wie Shenan.

Kapitel 21

Angekommen

Faheds Weg ins Leben, Stand heute

Heute also werde ich Fahed persönlich kennenlernen. Den Mann, von dem ich so viel gehört habe. Den Jungen auf dem Rollbrett. Den Schuster. Den Geschäftsmann. Die Stimmungskanone. Den Mann, von dem alle immer nur mit einem Lächeln erzählen können. *Den* Fahed.

„Gepard", bedeutet sein Name auf Deutsch. „Ich heiße so wie das schnellste aller Tiere", gibt Fahed gerne lachend an, habe ich mir erzählen lassen.

Ich bin gespannt auf den Kerl. Hier und heute treffe ich ihn also, in Beit Aua, seinem Heimatdorf, wo er seit einigen Jahren lebt und arbeitet.

Das muss er sein, denke ich, als unser Auto in eine schräg abfallende Gasse hineinrollt: der Mann im Rollstuhl dort drüben in der offenen Tür des Ladens. Ein kugelrunder, fast kahler Schädel. Ein wohlgepflegter, fast grauer Bart – jetzt ist Fahed der gesetzte Herr, den er als junger Mann einmal gespielt hat.

„Salam Aleikum", begrüßt Fahed Abu Darreya uns. Höflich, fast ein bisschen gestelzt, wie sich das so gehört im Orient. Aber der steife Teil der Zeremonie ist rasch erledigt.

Fahed freut sich wie ein großer Junge über unseren Besuch. Er lacht oft und laut und herzlich. Leicht aufgekratzt kurvt er mit seinem Elektrorolli herum, von der Rampe vor seinem Laden durch die Tür, mal hinter den Verkaufstresen, mal wieder davor.

Seine drei Töchter schwirren um ihn herum, zwei davon im Kindergartenalter, eine schon in Schuluniform. Im Hintergrund taucht auch Faheds Frau Fatma kurz auf. Sie trägt einen Niqab, das heißt, ihr gesamtes Gesicht ist schwarz verschleiert, nur für die Augen ist ein kleiner Schlitz frei. Befremdlich für mich. Aber normal hier in dem Provinz-Kaff, in dem Fahed mit seiner Familie lebt. Etliche von Faheds Nachbarn verstehen den Islam sehr radikal, ja fundamentalistisch. Ob seine Frau sich deshalb so verschleiern muss?

Nach ausführlichen Begrüßungen und einigem Smalltalk im Stehen lädt Fahed uns ein, Platz zu nehmen. Hinter dem Verkaufstresen ist Platz für seinen Rolli. Wir setzen uns um ihn herum auf Plastikhocker. Seine Töchter wuseln mal hierhin, mal dahin, starren die fremden Gäste an und finden unsere Anwesenheit offensichtlich ziemlich aufregend.

Auch die Nachbarschaft hat spitzgekriegt, dass in Faheds Laden heute ungewöhnlicher Besuch eingetroffen ist. Entsprechend neugierig die Blicke. Immer mal wieder linst ein Kind oder ein Erwachsener durch die offene Tür zu uns herein. Faheds Frau serviert Tee, reicht Süßigkeiten. Nach anfänglicher Zurückhaltung nimmt sie an unserem Gespräch teil. Wir spüren, dass auch sie sich über das Interesse und den Besuch freut.

Faheds Aufregung legt sich. Er beginnt, es zu genießen, im Mittelpunkt zu stehen und seine Geschichte zu erzählen. Er ist sichtlich stolz darauf, mir das hier alles zeigen zu können: seinen Laden – auch wenn der etwa den Charme einer Garage hat, in die jemand ein paar alte Regale gestellt hat. Seine gesunde Frau, mit der er schon dreizehn Jahre lang verheiratet ist. Seine drei Töchter, die alle gehen, springen, hopsen und tanzen können. Der ganze Stolz ihres heute achtundvierzig Jahre alten Vaters.

Fahed erzählt und Fahed strahlt und Fahed lacht. Ein herzhaftes Lachen aus der Tiefe seines Körpers. Herzlich. Mitreißend. Breit. So breit, dass dabei die große Lücke zu sehen ist, die in seiner oberen Zahnreihe klafft. Geld genug für einen Zahnarzt jedenfalls scheint er nicht gehabt zu haben, als es nötig gewesen wäre, überlege ich.

Überhaupt fällt mir schnell auf, dass Fahed nicht auf großem Fuß lebt, wenn diese Redewendung auf einen Rollstuhlfahrer angewandt werden darf: Die Töchter sind sauber, aber recht einfach gekleidet. Die Familienwohnung gleich unter dem Laden besteht aus einem einzigen Raum, etwa so groß wie zwei Garagen. Und auch das Angebot in Faheds Tante-Emma-Laden ist doch eher überschaubar – Gewürze, Reis, Nudeln, verschiedene Konserven, Süßigkeiten, Getränke. Kein Supermarkt für den Großeinkauf. Eher ein größerer Kiosk, in dem die Nachbarschaft sich schnell noch das holen kann, was ausgegangen ist.

Fahed erzählt und erzählt – und ich verstehe kein Wort. Übersetzer Nael stoppt ihn sanft. Versucht klarzumachen, dass wir seine Geschichte Schritt für Schritt hören und verstehen wollen. Fahed beginnt von Neuem. Und bestätigt mir aus seiner Sicht all die Stationen seines Lebens, die ich zuvor schon durch Burghard, Hendrik und andere Beteiligte kennengelernt habe: die verpfuschte Kindheit samt Abschiebungsversuch durch den Vater. Das Gefühl, nirgendwo mithalten zu können. Das Willkommen bei Lifegate. Der Neuanfang bei null. Die Schusterlehre. Die Selbstständigkeit in Beit Jala. Der erste Wahltag.

Bei diesem Stichwort fängt Fahed an, an seiner Brusttasche zu nesteln. Er zerrt einige Papiere und Plastikkarten heraus, sucht – und präsentiert dann voller Stolz seine offizielle Wählerkarte. Sollte sich die palästinensische Führung wieder einmal auf demokratische Wahlen besinnen, wird er, Fahed, selbstverständlich seine Stimme abgeben!

Ich spüre, dass mein Respekt vor diesem Mann wächst. Schwer krank, doch voller Humor. Gewaltig gehandicapt, doch verantwortlicher Programmdirektor seines Leben. Unfassbar schlechte Startchancen und dann doch so ein beindruckender Lebensweg. Wie entwickelte der sich eigentlich weiter nach der Lifegate-Zeit?

„Mein kleiner Schuster-Stand auf dem Markt von Beit Jala lief super", schwärmt Fahed. „Aber mich zog's nach ein paar Jahren wieder nach Hause, hierher nach Beit Aua." Und so kehrt er ins Heimatdorf zurück, etwa eine Stunde südlich von Beit Jala. Lifegate unterstützt ihn mit ein paar einfachen Maschinen: Mit einer kleinen Schuhmacherwerkstatt macht er sich selbstständig.

Doch hier in der Provinz gibt's nicht genug zahlungskräftige Kundschaft für ihn. Die Leute tragen ihre Schuhe, bis sie auseinanderfallen. So verbreitert Fahed sein Angebotsspektrum. Näht und repariert auch Geldbörsen. Rucksäcke. Handtaschen.

Doch der findige Geschäftsmann bemerkt bald, dass er die Branche wechseln muss. Da sein gesamtes Heimatdorf als palästinensischer „Second-Hand-Markt" gilt, steigt er in den Handel mit Gebrauchtem ein. Er sammelt und sortiert gebrauchte Klamotten. Ist dabei froh über etliche Kleiderspenden, die LIFEGATE für ihn in Jerusalem einsammelt. Einmal in der Woche lässt er sich mit seiner Ware auf den Markt in der Stadt Hebron bringen. Verdient dort gutes Geld. Ein paar Jahre lang. Bis Billigware aus China den Markt überschwemmt und die örtlichen Preise kaputt macht.

Und jetzt also der Onkel-Fahed-Laden. Fahed gibt zu, dass der gerade nicht viel abwirft. Und auch gesundheitlich gehe es ihm zurzeit nicht gerade Gold: Er ist Diabetiker und braucht deswegen eine spezielle Diät. Und viel zu hohen Blutdruck hat er auch noch. Eigentlich hätte er Grund genug zu jammern und um Hilfe zu flehen.

Fahed aber lacht laut. Und erklärt mir: „Ich möchte keine Almosen. Ich kann arbeiten, und ich will arbeiten. Ich hab ein Handicap. Aber das bedeutet nicht, dass ich immer von anderen abhängig sein muss. Ich will das Essen für meine Töchter mit meinen eigenen Händen verdienen."

Mit glänzenden Augen wechselt er kurz das Thema: „Es ist schon ein paar Jahre her, da hat mir eine großzügige Familie aus Deutschland einen elektrischen Rollstuhl geschenkt. Das war eine komplett neue Erfahrung für mich. Ich hatte auf einmal gar nicht mehr das Gefühl, in einem Rolli zu sitzen. Mir kam es so vor, als könnte ich meine eigenen Beine benutzen."

Auf eigenen Beinen stehen, das hat Fahed sich seither vorgenommen. Und anderen Menschen seine Hilfe anbieten – so wie er oft Hilfe bekommen hat. Selbst die alten Eltern, die in der Nähe leben, unterstützt er, wo er kann: Imm Fahed, seine Mutter, die ihren starken Beitrag zu seinem Erfolg leistete. Und Abu Fahed, der Vater, der ihn vor Jahrzehnten abschieben wollte – heute aber stolz ist auf das, was der Sohn aus seinem Leben gemacht hat.

Wie er sich die nächsten Jahre seines Lebens vorstellt, welche Ziele er denn noch so erreichen möchte, frage ich. Fahed lässt sich Zeit mit der Antwort und spannt dann einen weiten Bogen: „Als ich Single war, war mein Leben einfach. Heute habe ich viel Verantwortung zu tragen. Das Einzige, was ich mir deshalb für die Zukunft wünsche: dass meine drei Töchter glücklich sind!" Sagt er und streicht der mittleren Tochter liebevoll über die schönen schwarzen Haare.

„Komm bald wieder vorbei!", ruft Fahed, als sich unser Abschied nähert. „Und grüß mir meinen Freund Hendrik in Deutschland", wiederholt er mehrfach. Den Hendrik, der ihn damals bei der Weihnachtsfeier bejubelte. Und der ihn später zur Wahl begleitete.

Als wir gerade ins Auto einsteigen, hat Fahed noch eine Idee. „Warte, ich geb' dir ein Geschenk mit, für die Kinder von Hendrik." Eine von Faheds Töchtern packt in seinem Auftrag drei lustige kleine Spielzeugsäckchen in eine schwarze Tüte. Auf jedes der knallbunten Säckchen ist ein Smiley-Gesicht aufgedruckt. Das lacht. Und lacht. Und lacht. Fast so breit wie Fahed.

Kapitel 22

Auf der Gefühlsachterbahn

Von Schwerem und Schönem
aus dem Alltag von Lifegate

So. Geschafft. Fertig. Alle Geschichten, die ich erzählen wollte, sind erzählt. Alle Persönlichkeiten vorgestellt. Alle geplanten Kapitel geschrieben und überarbeitet. Mein Buchmanuskript ist fertig. Kann jetzt auf den Weg zur Lektorin geschickt werden. Und dann den Weg zu Leserin und Leser antreten.

Stopp.
Nein, ich bin doch noch nicht so weit. Irgendetwas fehlt noch. Ich habe beschrieben: Lifegate ist ein in dieser Gegend der Welt absolut einzigartiges Hilfswerk. Eines, das mich durch und durch begeistert. Ich finde: Wenn es Lifegate nicht gäbe, müsste man den Verein dringend erfinden.

In meiner Datei „nicht verwendetes Material" liegt aber noch eine Reihe kleiner, feiner Fundstücke. In meinem Hinterkopf und auf manchem Notizzettel habe ich Details gesammelt, die unbedingt dazugehören, die noch einen Blick hinter die Kulissen von Lifegate gewähren. Obwohl mir natürlich klar ist, dass ich eine solch verzweigte, vielfältige und sich stets weiterentwickelnde Organisation wie LIFEGATE unmöglich komplett und umfassend darstellen könnte.

Ein Satz von Burghard Schunkert fällt mir ein, den er mir in einem der Interviews gesagt hat: „LIFEGATE ist nicht von Anfang an steil nach oben gegangen, sondern hat eine Geschichte mit vielen Ups and Downs erlebt." Eine Geschichte mit Höhen und Tiefen. Mit Aufs und Abs. Genau. Ich denke: Darüber sollte ich in diesem letzten Kapitel schreiben: Über echte Höhepunkte und genauso echte Tiefpunkte bei LIFEGATE. Und über den Umgang damit.

Ein absoluter Höhepunkt, von dem Burghard mir mehrfach erzählt hat, war sicher ein mitternächtliches Chaos am Ben-Gurion-Flughafen in Tel Aviv. Ich muss schon anfangen zu lachen, wenn ich mich an die Geschichte erinnere:

Da kommt eines Nachts eine quirlige Gruppe von LIFEGATE-Leuten im großen Flughafengebäude an. Und macht sich auf den Weg zu den Sicherheitskontrollen. Rund ein Dutzend Menschen, etwa die Hälfte im Rollstuhl, die andere auf zwei Beinen. Schon von Weitem kann jeder israelische Sicherheitsoffizier erkennen: Das sind Palästinenser. Und entsprechend skeptisch werden die Reisenden denn auch unter die Lupe genommen, befragt, durchsucht. Doch die gute Stimmung der LIFEGATE-Crew lässt sich davon nicht beeindrucken. Schließlich ist man nach Deutschland eingeladen, in Beit Jalas Partnerstadt Bergisch-Gladbach. Man darf dort bei einem internationalen Rollstuhlbasketballturnier antreten. Eine wunderbare Aussicht besonders für die behinderten Menschen in der Gruppe. Schon der Weg nach Tel Aviv erweitert ihren sonstigen Horizont ganz gewaltig.

Gerade sind Reisende und Sicherheitsbeamte richtig schön miteinander beschäftigt – da rollt eine zweite, ganz ähnlich wirkende Truppe heran. Diesmal eine „typisch" israelische: nämlich Rollstuhlbasketballer aus Tel Aviv, mit denen die LIFEGATE-Sportler regelmäßig trainieren und spielen. Und die mitfliegen werden. Weil auch sie zum Turnier eingeladen sind.

Spätestens jetzt wird auch der letzte Sicherheitsbeamte nervös: Begeisterungsrufe schallen durch den Flughafen. Jubel, Gelächter, Gekreische. Rollstühle schieben sich an Sperren vorbei. Hände werden geschüttelt. Selfies gemacht. Jegliche vorhandene Ordnung ignoriert. Israelische Reisende begrüßen und umarmen überschwänglich ihre palästinensischen Freunde. Und umgekehrt. – Was könnte jetzt wichtiger sein?!

Ein fröhliches Durcheinander bricht aus. Die sorgfältig gezogenen langen Reihen von Menschen am Sicherheitscheck verwirren sich zu einem wilden Knoten. Für die extrem aufmerksamen Sicherheitsoffiziere ein Albtraum.

Burghard strahlt übers ganze Gesicht, als er mir diese Szene beschreibt. Und ergänzt: „In Deutschland dann stand auf dem Spielplan: Israel spielt gegen Palästina. Das haben unsere Leute nicht mitgemacht. Die bildeten zwei gemischte Mannschaften. Und so traten dann beim Turnier in Bergisch-Gladbach Israel/Palästina 1 und Israel/Palästina 2 gegen den Rest der Welt an. Eine riesengroße Freude für alle Beteiligten. Das sportliche Ergebnis war absolut zweitrangig."

Grenzen überwinden. Friedensbrücken bauen. Versöhnung leben. Gemeinsam lachen. Wo das innerhalb der LIFEGATE-Arbeit gelingt, erlebt Burghard einen besonderen Höhepunkt seiner Arbeit. „Auf beiden Seiten der Grenze leben wunderbare Menschen. Wo es möglich ist, möchten wir die gerne zusammenbringen." Viele Beispiele davon habe ich in diesem Buch bereits notiert. Und gleichzeitig muss ich nachschieben: Manchmal ist das sehr harte Arbeit. Verbunden mit Hürden, an denen andere verzweifeln würden.

Beispiel Reisegenehmigungen und Visa. Kaum eine Fahrt mit palästinensischen Jugendlichen nach Tabgha am See Genezareth klappt „einfach so", ganz reibungslos. Fast immer stellen sich die israelischen Behörden quer. Verweigern erst mal die Genehmigung – in der Regel ohne Begründung. Erlauben die Fahrt kurz vorher dann doch noch. Manchmal in letzter Minute. Oder auch nicht. Ganz schön nervig.

Seit ein, zwei Jahren nun haben Burghard und sein Verwaltungsteam mit einem neuen Problem zu kämpfen: Einige leitende Mitarbeiter, die aus dem Ausland stammen und in Beit Jala helfen, bekommen kein Visum mehr. Oder nur eins für wenige Wochen. „Wie sollen unsere Mitarbeiter und wir in einer solchen Ungewissheit planen und arbeiten können", stöhnt Burghard. Und beschreibt den mittlerweile beständigen Kampf um Visa als eins der wichtigsten Gebetsanliegen bei LIFEGATE.

Und noch ein weiteres Anliegen bespricht er vor allem mit Gott: die Finanzierung der LIFEGATE-Arbeit. Denn die ist oft genug ungewiss. Eine knappe Million Euro braucht LIFEGATE Jahr für Jahr. Und weil die Arbeit wächst (und viele Kosten auch), müsste diese Summe eigentlich von Jahr zu Jahr etwas größer werden. Doch die Finanzierung bleibt auch nach erfolgreichen Jahrzehnten ein Glaubensabenteuer. Und führt immer mal wieder zu emotionalen Tiefpunkten:

„Im nächsten Jahr klafft schon wieder eine Riesenlücke im Budget", gesteht Burghard. „Ich merke, wie mir das im Nacken sitzt. Ich habe es in all den Jahren nie geschafft, am Anfang eines Jahres zu sagen: Für dieses Jahr haben wir die Finanzierung schon gesichert."

Dabei trägt der rührige deutsche Förderverein regelmäßig etwa ein Drittel der Summe durch Spenden zusammen. Das zweite Drittel erwirtschaftet LIFEGATE selbst: durch den Verkauf der Produkte der verschiedenen Werkstätten. Durch die Einnahmen aus dem Gästehaus. Und durch die Vermarktung des selbst produzierten Olivenöls. – Zwei zuverlässige Säulen, auf denen die Arbeit ruht.

Die dritte Säule aber ist schwer einzuplanen: Zuschüsse, Fördergelder, größere Spenden von Hilfsorganisationen oder Unternehmern – eine unverzichtbare Hilfe vor allem beim Start neuer Projekte oder bei Bauten. Aber eben nicht kalkulierbar.

„Ich wünschte mir so sehr mehr Planungssicherheit", erzählt mir Burghard. „Deshalb verbringe ich so manchen Feierabend im Büro. Dann schreibe ich Briefe an mögliche Spender, beantrage Zuschüsse oder entwickle noch andere Ideen."

Oft lebt LIFEGATE von der Hand in den Mund. Und trotzdem konnte die Arbeit Jahr für Jahr weitergehen. „Für mich ist das ein Wunder. Dem obersten Chef unserer Arbeit gebührt ein großer Dank!", sagt Burghard und strahlt. Und verwandelt so mit nur einem Satz einen der schwierigsten Bereiche seiner Arbeit in ein besonderes Highlight.

Ich spüre: Zahlen sind wichtig für ihn. Schließlich hat er mal Kaufmann gelernt. Er geht verantwortlich um mit den Gaben und Mitteln, die er zur Verfügung hat.

Aber noch viel wichtiger sind ihm Menschen. Die Menschen, die untersucht, behandelt, gefördert, unterstützt und in die Zukunft begleitet werden. Genauso wie diejenigen, die ihnen dabei helfen.

Und schon sind wir bei einem weiteren absoluten Highlight, das kann ich an Burghards leuchtenden braunen Augen erkennen: dem Team. Er berichtet mir von einem neuen LIFEGATE-Mitarbeiter, einem Palästinenser. Der war früher aktiver Kämpfer bei der Terrorgruppe Hamas. Mittendrin, als die Hamas 2002 mit Waffengewalt die Geburtskirche in Bethlehem stürmte und tagelang besetzt hielt. Ein gewaltbereiter Fanatiker, getrieben von Rache und Hass, der mehrmals im Gefängnis landete.

Und einer, der sein Leben radikal umgekrempelt hat. Nachdem er dem lebendigen Jesus begegnete. „Heute empfindet er keinem Menschen gegenüber mehr Hass", berichtet Burghard. „Im Gegenteil: Er sucht die Versöhnung. Mit Liebe, Geduld und viel Respekt vor anderen Menschen setzt er sich für Versöhnung ein."

Seit Anfang 2019 tut er das als Mitarbeiter von LIFEGATE. Als Chef der Nachwuchs-Gärtner-Truppe im Gästehaus LIFEGATE Garden. Keine zwei Kilometer Luftlinie entfernt von der Geburtskirche. Angelernt und ins Amt eingeführt vom deutschen Pensionär Friedrich Köster, der diese Arbeit Ende 2018 begonnen hat.

Ein irrer Zufall? Ein Wunder? Jedenfalls einer der vielen Höhepunkte, die Burghard Schunkert und sein Team erleben.

Überhaupt freut Burghard sich, wenn er Menschen als Mitarbeiter gewinnen kann, denen der Glaube und die Beziehung zu Jesus Christus viel bedeuten. Die LIFEGATE-Arbeit soll geprägt sein vom christlichen Menschenbild. Zu einer Andacht jeweils am Montagmorgen kommen die Mitarbeiter mit ihren unterschiedlichen Hintergründen zusammen. Dann macht Burghard ihnen dazu Mut: Lasst uns versuchen, als Christen unseren Glauben ansteckend zu leben.

LIFEGATE versteht sich nicht als „Missionsgesellschaft". Und doch kommt es immer wieder zu Gesprächen über den christlichen Glauben: „Wenn wir glaubwürdig leben, dann beobachten das die muslimischen Eltern unserer Kinder sehr genau", sagt Burghard seinen Leuten. „Sie kommen und stellen uns Fragen. Dann können wir über den Grund unserer Hoffnung reden. Wir können wie ein offener Brief Christi an diese Menschen sein."

Erstaunlicherweise geschieht das oft gerade in besonders schwierigen Lebenslagen, zum Beispiel, bevor ein Kind oder ein Jugendlicher eine schwere Operation vor sich hat. Nicht selten bitten dann muslimische Eltern die christlichen Mitarbeiter von LIFEGATE: „Betet für unser Kind." Und die tun das gerne. Sehr gerne.

Aber mit oder ohne Gebet mit den Familien – nicht immer bringen Operationen, Therapien oder andere Behandlungen Erfolg. Burghard berichtet mir von einer jungen Frau, die alle paar Minuten einen epileptischen Anfall hat. Wieder und wieder und wieder. Dabei haben die LIFEGATE-Mitarbeiter bereits alles versucht, um ihr zu helfen. Haben Fachleute eingeschaltet. Verschiedene Medikamente ausprobiert. „Wir können nichts mehr für sie tun. Wir können nur noch beten", sagt Burghard Schunkert. Und ergänzt leise: „Gott hat das letzte Wort."

Manchmal müssen die LIFEGATE-Mitarbeiter solche Phasen der Ohnmacht einfach aushalten. Manchmal ziemlich lange. Müssen miterleben, dass es Kindern und Jugendlichen trotz aller Behandlungen immer schlechter geht. Bei manchen Krankheiten steht das von der Diagnose an fest: Diesen Betroffenen kann nach menschlichem Ermessen nichts und niemand helfen, denen wird es immer schlechter gehen.

„Jedes Jahr verlieren wir ein oder zwei von solchen Kindern mit immer weiter fortschreitenden Krankheiten", seufzt Burghard. „Aber wir wollen sie und ihre Eltern dann auch auf dem letzten Weg begleiten. Das ist gar nicht so einfach. Manchmal wird ein Kind ein paar Tage lang nicht mehr zu uns zur Therapie gebracht. Dann hören wir plötzlich: Es ist vor drei Tagen gestorben.

Bei einem Jungen wissen wir, dass er nicht mehr lange zu

leben hat. Wir besuchen die Mutter, die sich voller Liebe um ihr sterbendes Kind kümmert. Wir fragen: ‚Dürfen wir mit ihm beten?' Die Mutter nickt dankbar. Wir beten darum, dass Gott dieses muslimische Kind voller Güte und Barmherzigkeit aufnimmt. Solche Erfahrungen sind schwer für alle, die dabei sind. Aber wir vertrauen darauf: Gott wird auch mit diesem Kind seinen Weg gehen!"

Tiefpunkte. Höhepunkte. Manchmal ganz dicht beieinander.

Besonders beeindruckt hat mich eine Erfahrung, von der Maria Zeidan mir berichtet. Maria, knappe vierzig Jahre jung, geboren im sächsischen Meißen. Gelernte Krankenschwester. Seit achtzehn Jahren mit einem palästinensischen Christen aus Beit Jala verheiratet. Seit etwa zehn Jahren eine der tragenden Säulen im Mitarbeiterstab von LIFEGATE.

Maria kann Brücken bauen, vermitteln, erklären. Gerade weil sie einerseits mit Mann und drei Kindern mittendrin in einer arabischen Großfamilie lebt. Und weil sie andererseits als „Ausländerin" einen gewissen Sonderstatus genießt.

„Gott hat mich hierher zu LIFEGATE geführt", bekennt Maria. Sie erzählt mir, wie sie sich in vielen Bereichen der Arbeit einsetzt. Und dabei gerne davon erzählt, was ihr der Glaube an Jesus Christus bedeutet.

„Vor drei Jahren habe ich da eine ganz besondere Erfahrung gemacht", berichtet Maria. „Damals kümmerten wir uns um ein Mädchen, etwa acht Jahre alt." Nennen wir dieses Mädchen Nour. Maria berichtet mir von der schlimmen Erbkrankheit, unter der die Kleine zu leiden hatte. Von dem trotz allem fröhlichen Wesen des Mädchens. Davon, dass alle Menschen sie mochten.

„Nour konnte ihre Beine nicht gebrauchen", erzählt Maria. „Ihre Eltern hatten schon alles versucht, sie zu verschiedenen

Therapieeinrichtungen gebracht, damit Nour trotzdem laufen lernt. Leider war das alles vergeblich. Dann kam Nour zu LIFE-GATE. Wenn bei uns in der Förderklasse gebetet wurde, war sie ganz bei der Sache. Wenn sie biblische Geschichten über Jesus hörte, war sie aufmerksam und fragte viel nach. Irgendwann sagte Nour dann zu ihren Eltern und auch zu uns: ‚Ach naja, nicht so schlimm, dass ich nicht laufen kann. Wenn ich zu Jesus gehe, dann werde ich bei ihm laufen können.'

Eines Tages kam Nour mit schwerer Lungenentzündung ins Krankenhaus. Ich habe sie dort jeden Tag besucht und viel mit der Mutter gesprochen. Als dann keine Hoffnung mehr bestand, weinte die Mutter am Bett ihrer verstorbenen Tochter. Und dann sagte sie zu mir: ‚Jetzt läuft Nour bei Jesus.'"

Maria macht eine Pause. Reibt sich die Augen. Sieht mich an: „Bis heute kriege ich Gänsehaut, wenn ich mich daran erinnere. Das war einer der ergreifendsten Momente, die ich bei LIFEGATE erlebt habe."

Ein Tiefpunkt, der zum Höhepunkt wird. Eine Geschichte, die auch mich sehr bewegt.

Ich frage Burghard Schunkert, ob man einen besonderen Charakter braucht, um solche jahrzehntelangen Aufs und Abs in der Arbeit zu verkraften:

„Ich selber bin kein geduldiger Mensch. Abwarten und auf Gottes Eingreifen warten, fällt mir schwer. Mir muss Gott das in der jeweiligen Situation immer neu schenken. Ich kann mich schon richtig aufregen, wenn mir jemand beim Autofahren die Vorfahrt nimmt. Eigentlich will ich es lernen, diesem Autofahrer zu vergeben und mich nicht über ihn aufzuregen. Aber das geht bei mir nur, wenn ich diese Haltung von Gott geschenkt bekomme. Und ich erlebe: Er tut das immer wieder.

Ich weiß ja: Ich kann mich vor Misserfolgen und vor Niederlagen nicht wirklich schützen. Auch LIFEGATE kann ich nicht davor schützen. Und so gehört zu meiner Arbeit ein ganz großes Grundvertrauen zu Gott. Etwa so, wie es der 23. Psalm beschreibt: ‚Und ob ich schon wanderte im dunklen Tal, so wärst du doch bei mir.‘ Ich weiß, ich muss meinen Weg nicht allein gehen. Ich muss auch nicht allein aufstehen, wenn ich mal auf dem Boden gelandet bin.

Diese Gewissheit ist ganz wichtig. Die muss man sich manchmal gegenseitig zusprechen. Wenn ein anderer Mitarbeiter das gar nicht mehr glauben kann, dann erinnere ich ihn daran. Und umgekehrt erinnert er mich daran, wenn mein Vertrauen nur auf Sparflamme läuft.

Ich glaube, die holprigen Abschnitte gehören zu unserem Lebensweg. Wir werden es immer mal wieder mit Herausforderungen und Tiefpunkten zu tun haben. Aber dabei tröstet mich: Ich weiß ja, was ganz am Ende auf mich wartet. Das Schönste kommt noch!"

Kapitel 23

Schukran! Toda raba! Thank you! Vielen herzlichen Dank!

Auf Arabisch, Hebräisch, Englisch, Deutsch und am liebsten in jeder anderen Sprache der Welt möchte ich denen danke sagen, die mich bei diesem Buchprojekt unterstützt, begleitet, inspiriert, gefordert, korrigiert oder ermutigt haben. Ich zähle hier eine Reihe besonders wichtiger Menschen auf, aber mit Sicherheit werde ich dabei manche vergessen. Denen rufe ich zu: Bitte vergebt mir und lasst euch trotzdem mit hineinnehmen in eine große Welle meiner Dankbarkeit!

Also: Danke schön
» zunächst und ganz besonders all den Gesprächspartnerinnen und Gesprächspartnern, die meine vielen Fragen ertragen und geduldig beantwortet haben:
» Marion Koch und Samuel Koch,
» Moshik Gross, Rebecca Levy, Eran Natan, Einar Sarig (Kfar Tikva),
» Paul Nordhausen (Tabgha),
» Marianne Lüddeckens (Sternstunden),
» Bürgermeister Nicola Khamis, Beit Jala,

- » Ghada Nasrallah, Public Relations Officer, Beit Jala,
- » Linda Sharawna,
- » Asma Izboun,
- » Nael Rishmawi,
- » Peter Qubrosi,
- » Fahed Abu Darreya,
- » Ali und Muhamed Shaafut,
- » Yahia Josef,
- » Maria Zeidan,
- » Suheer Rishmawi,
- » Rasha Elias Abu-Aita,
- » Bushra Izzot Al-Badawi,
- » Pastor Khader Khoury,
- » Pastor Johnny Shahwan,
- » Angela und Friedrich Köster,
- » Suhad und Khader Saad,
- » Dr. Kinan Joseph und Dr. Ehud Lebel,
- » Coos Jakobus Petrus Wewer,
- » Richard Stepan,
- » Sain Tmaizeh,
- » Nicolas Zeidan,
- » Hendrik Denker,
- » Christine Träger,
- » Michael Müller,
- » Barbara Könnecke,
- » Renate und Alfred Becker,
- » Reinhard Bratzel (Vorstandsvorsitzender Lebenshilfe Stuttgart e. V.),
- » Torsten Sternberg;

- » an Familie Schunkert, ganz besonders an Burghard, für die hohe Flexibilität, das Vertrauen, die Offenheit und die tiefe Freundschaft, die während der Arbeit entstand;

» an Projektleiterin und Lektorin Petra Hahn und ihren Mann Michael für ihr leidenschaftlich-freundschaftliches und fachliches Mitdenken, Mitreisen, Miterleben und in Form bringen;

» an die engagierten Mitarbeiterinnen und Mitarbeiter, die beim Brunnen Verlag im Vertrieb, bei Alpha, in einer Buchhandlung oder sonstwo daran mitgewirkt haben, dass dieses Buch gestaltet, gedruckt, vertrieben und verkauft werden konnte;

» an Nora Henker, die auf eigene Kosten nach Beit Jala reiste und dort für dieses Buch all die prächtigen Menschen mit ihrer Kamera porträtierte, die ich ein paar Wochen zuvor kennengelernt hatte. Und sogar noch etliche mehr;

» an Mirjam Holmer, die aus Jerusalem für israelnetz.com berichtet. Höchst sachkundig und freundschaftlich-kritisch hat sie mein Manuskript geprüft und mir viele wichtige Impulse dazu gegeben;

» an Detlef Holtgrefe für den sehr guten Vorschlag, mir LIFE-GATE einmal genauer anzuschauen;

» an Joni Eareckson Tada, Jürgen Werth, Ministerpräsident Armin Laschet, Marianne Lüddeckens, Professor Dr. Friedhelm Loh, Karl-Heinz Stengel, Schwester Dorothee Knauer, Ulrich Parzany, Mirjam Holmer, Michael Mohrmann und Samuel Koch, die ihre Eindrücke zum Buch und zu LIFE-GATE auch schriftlich beigesteuert haben;

» an meine Frau Ingrid, die mich bei diesem Projekt mit großem Interesse begleitet und unterstützt hat und die jedes

Kapitel als Erste las (oder als Ersthörerin von mir vorgelesen bekam);

» an alle Mitarbeiterinnen und Mitarbeiter von Lifegate, in Beit Jala und in Deutschland, hauptamtliche wie ehrenamtliche. Ihr macht eine großartige Arbeit!

Ein herzliches Dankeschön natürlich auch Ihnen, die Sie sich dieses Buch gekauft oder ausgeliehen haben, die Sie es gelesen haben und es hoffentlich als wertvolle Lektüre erlebten.

Darf ich mir eine Bitte erlauben? – Falls Ihnen das Buch gefallen hat, empfehlen Sie es bitte weiter. Und überlegen Sie, wie Sie Lifegate unterstützen könnten. Vielen Dank!

Menschen mit einer Behinderung,
speziell mit einer intellektuellen,
haben der Welt etwas zu geben und zu sagen.
Sobald wir mit ihnen in Beziehung treten,
beginnen wir, uns zu verwandeln.

Jean Vanier, 1928–2019

Kapitel 24

LIFEGATE-Rehabilitation – Ein Tor zum Leben öffnen

Von Burghard Schunkert,
Gründer und Leiter von LIFEGATE

LIFEGATE arbeitet seit dreißig Jahren in Beit Jala, im Süden des Westjordanlandes. Von dort erreichen wir mit unseren verschiedenen Service-Abteilungen auch behinderte Menschen im Norden, in Israel und in den Nachbarländern.

Im 2017 eingeweihten LIFEGATE-Zentrum in Beit Jala finden der Förderkindergarten, die Förderschule und die Berufsausbildungswerkstatt Platz. In verschiedenen Abteilungen werden viele junge Menschen mit unterschiedlichen Behinderungen in 14 verschiedenen Handwerksberufen ausgebildet. Eine Therapieabteilung mit allen gängigen Therapien ergänzt das Förderangebot. In Bethlehem, wenige Kilometer vom LIFEGATE-Zentrum entfernt, kann das „LIFEGATE Garden"-Gästehaus bis zu 70 Menschen beherbergen. Außerdem bereiten wir hier behinderte junge Menschen auf einfache Arbeiten in Hauswirtschaft, Küche und Garten vor.

Unsere Dienstleistungsabteilungen bieten Arbeitsplätze für Menschen mit Behinderungen: zum Beispiel in Wäscherei, Schuhreparatur-Werkstatt, Catering-Service und LIFEGATE Garden-Gästehaus.

Sie tragen mit dem Verkauf unserer Geschenkprodukte und unseres Olivenöls in Deutschland zur Finanzierung unserer Arbeit bei.

Die wichtigste Säule zur Finanzierung der LIFEGATE-Arbeit sind Spenden, die wir für unsere Arbeit vor allem von Menschen aus Deutschland und aus Österreich anvertraut bekommen.

In unseren verschiedenen Arbeitszweigen beschäftigen wir (außer den ehrenamtlichen Helfern) rund 75 Mitarbeiter. Gemeinsam kümmern wir uns um etwa 40 Kindergartenkinder, 100 Förderschüler und 50–80 Kinder und Jugendliche, die zu verschiedenen Therapien zu uns kommen. Wir bilden etwa 50 Jugendliche aus und unterstützen durch unsere Sozialarbeit viele Familien mit behinderten Kindern in verschiedenen Städten und Dörfern im Westjordanland.

Eine Vision, die uns immer wieder bewegt, ist der Bau von drei weiteren Stockwerken auf das bestehende LIFEGATE-Gebäude. Dort könnte „LIFEGATE Roof Garden" entstehen – ein Gästehaus mit Seminarzentrum für Menschen mit und ohne Behinderungen.

Wir möchten gerade auch Rollstuhlfahrern helfen, das Heilige Land zu bereisen, und ihnen dafür die Logistik und eine geeignete und gemütliche Unterbringung anbieten.

In unserem Verein „Tor zum Leben, LIFEGATE-Rehabilitation, e. V." mit Sitz in Würzburg engagieren sich Menschen in ihrer Freizeit und helfen uns, die LIFEGATE-Arbeit in Deutschland bekannt zu machen.

Ein Informationsrundbrief wird dreimal im Jahr an Interessenten verschickt. Jährlich treffen wir uns in Würzburg zu einem Informationsabend über den Stand der Arbeit von LIFEGATE. Dazu ist jeweils auch die Öffentlichkeit eingeladen. Termine können Sie in unserem Büro erfahren.

Im Jahr 2017 haben engagierte Freundinnen und Freunde unserer Arbeit auch in Österreich einen Verein gegründet, der unsere Arbeit unterstützen will.

Bei LIFEGATE arbeiten seit Jahren junge Leute (z. B. im Rahmen eines Freiwilligen Sozialen Jahres) und ältere Menschen (Ruheständler) aktiv in Beit Jala und auch in Deutschland mit. Diese motivierten, engagierten und hilfsbereiten Ehrenamtlichen sind unser eigentlicher Schatz. Wir freuen uns, wenn noch viele dazukommen!

Wir freuen uns auch über die große Anzahl von treuen Betern, die uns damit immer wieder helfen, für Frieden, Annäherung und Versöhnung unterwegs zu sein, in einem Land, in dem viele Menschen schlimme Erfahrungen miteinander gemacht und Verletzungen davongetragen haben.

Wir arbeiten an der Schnittstelle dreier Weltreligionen mit ihren Ansprüchen an die Stadt Jerusalem. Und wir wollen dabei möglichst viele kleine Brücken zwischen verfeindeten Lagern bauen und Versöhnung möglich machen.

Wir freuen uns, wenn Sie dieses Buch ein wenig neugierig gemacht hat. Gerne können Sie LIFEGATE auf Ihrer nächsten Reise ins Heilige Land besuchen. Sie sind uns herzlich willkommen!

Bei der Reiseplanung kann Ihnen das LIFEGATE-Team behilflich sein. Gemeinsam mit dem israelischen Reisebüro SK Tours betreiben wir die Initiative „Fair Travel", die viele Sehenswürdigkeiten in den palästinensischen Gebieten und in

Israel beinhaltet und Kontakte zu Menschen und Gruppierungen auf beiden Seiten im Programm berücksichtigt.

Für alle LIFEGATE-Aktivitäten hier unsere Kontaktadressen.
Wir freuen uns auf Ihre Nachricht!

LIFEGATE Beit Jala und Fair Travel Initiative:

LIFEGATE Rehabilitation Beit Jala,
Jaddawel Strasse
POB 103 69 Jerusalem
ISRAEL

Tel: (00972) 2 274 13 73
        (00972) 59 274 13 73
Fax: (00972) 2 274 10 65
Mail: reha@lgate.org

**Tor zum Leben –
LIFEGATE Rehabilitation e. V. Geschäftsstelle**

Gertrud-von-le-Fort-Straße 68
D-97074 Würzburg

Tel.   (0049) 0931 580 69
Mail: tzl@LIFEGATE-reha.de
WEB: www.LIFEGATE-reha.de
www.facebook.com/LIFEGATE.rehabilitation

Spendenkonto:
Sparkasse Mainfranken Würzburg
IBAN: DE88 7905 0000 0002 2675 81
BIC: BYLADEM1SWU

Verkauf von LIFEGATE-Produkten:
Tor zum Leben – LIFEGATE Rehabilitation e.V. Werkstattverkauf
Frau Christine Mohr
Albert-Einstein-Str. 25g
D-97941 Tauberbischofsheim

Tel: (0049) 09341 846 37 20
Fax: (0049) 09341 846 37 22
Mobil: (0049) 0151 550 27 777
Mail: werkstattverkauf@LIFEGATE-reha.de
WEB: www.LIFEGATE-reha.de

Tor zum Leben-LIFEGATE Rehabilitation Österreich
Schützenstraße 12
A-7432 Oberschützen

Tel.   (0043) 0664 325 15 75
Mail: LIFEGATE.tor zum leben@gmail.com
WEB: www.LIFEGATE.at

Quellen

Lied
Sei willkommen, Menschenkind.
Text: Christoph Zehendner, Musik: Manfred Staiger
© Auf den Punkt-Musik, Siegen

Film
Freedom Writers. Filmdrama von Richard LaGravenese, mit Hilary Swank, Patrick Dempsey u.a. Paramount Pictures/Double Feature Films; 2007

Bücher
Joni Eareckson Tada: *Joni.* Die Biografie, Gerth Medien 1976, ISBN 978-3-89437-598-0

Cordelia Edvardson: Gebranntes Kind sucht das Feuer. Dtv 1989, ISBN 978-3-42311-115-7

Samuel Koch: *Zwei Leben,* Gerth Medien 2012, ISBN 978-3-94220-853-6

Samuel Koch: *Rolle vorwärts,* Gerth Medien 2015, ISBN 978-3-86334-071-1

Homepages
http://Lifegate-reha.de

http://www.wheelchairangels.org

https://kfar-tikva.org.il/?lang=de

http://www.beit-al-liqa.de

https://www.joniandfriends.org

https://www.samuel-koch.com

https://www.sternstunden.de

http://www.dormitio.net/tabgha/index.html

Christoph Zehendner

NAMASTE – Du bist gesehen!
Abenteuer*Mutmach*Hoffnungs-Geschichten aus Indien

Hardcover
240 Seiten (mit Farbfotos)
3. Auflage
ISBN 978-3-7655-0979-7

Auch als E-Book und Hörbuch erhältlich.

Kommen Sie mit auf eine Reise der Hoffnung: unterwegs mit Christoph Zehendner und mit Singh Komanapalli, dem „indischen Schwaben" und „Bischof der Hoffnung". Erleben Sie mit, wie aus einer kleinen Geste der Gastfreundschaft Großes wachsen kann.

Wie aus einer Einladung zum Abendessen in Deutschland in Indien zunächst ein kleines Kinderheim entsteht, dann mehrere große, dann Schulen, Krankenhäuser, Ausbildung … und eine schlichte Kirche – mit inzwischen 120.000 Gottesdienstbesuchern Sonntag für Sonntag in 1.500 Gemeinden.

Die Botschaft von Kirche und Hilfswerk und das Herz dieser deutsch-indischen Freundschafts-Geschichte ist der Zuspruch Gottes für jeden Menschen: NAMASTE – Du bist gesehen. Wertvoll. Willkommen!

Christoph Zehendner

NAMASTE – Du bist gesehen!
Abenteuer*Mutmach*Hoffnungs-
Geschichten aus Indien

Hörbuch, Audio CD
ca. 6 Std. 30 Min. Gesamtspielzeit
Gesprochen vom Autor
ISBN 978-3-7655-8713-9

Auch als Hardcover und E-Book erhältlich.

„Ein Buch, das man nicht lesen oder hören kann, ohne dass es das eigene Leben verändert."

Iris Völlnagel, ARD-Journalistin

„Ein eindrückliches Zeugnis von gelebter Nächstenliebe, Zivilcourage und Offenheit für andere Kulturen. Ein Blick, der verändert, nachdenklich macht und sehr bereichernd ist."

Winfried Kretschmann,
Ministerpräsident des Landes Baden-Württemberg

Klaus-Dieter John

„Ich habe Gott gesehen"
Diospi Suyana –
Hospital der Hoffnung

Hardcover
272 Seiten
9. Auflage
ISBN 978-3-7655-1757-0

„Seid ihr wahnsinnig geworden?" Das bekamen Martina und Klaus-Dieter John oft zu hören, als sie mit ihrer Idee in die Öffentlichkeit gingen. Ein modernes Krankenhaus für die Ärmsten der Armen im peruanischen Bergland? Wer soll das bezahlen?

Inzwischen hat das Arztehepaar – zusammen mit unzähligen Unterstützern – seinen Lebenstraum verwirklicht. „Diospi Suyana" heißt die Klinik, „Wir vertrauen auf Gott". Der Name ist Programm, denn immer wieder erleben die beiden, dass mit Gott Unmögliches möglich werden kann. Für Klaus-Dieter John war die Bauzeit eine Zeit, in der ihm Gott auf besondere Weise begegnet ist. Anschaulich berichtet er, wie sich immer wieder Dinge zum Guten wendeten, auch wenn es zwischendurch Rückschläge gab. Nein, ohne Wunder hätte Diospi Suyana nicht das werden können, was es heute ist: eine hochmoderne Klinik – und ein Hospital der Hoffnung.